LA MEDIDA DE UN JOVEN

Tú puedes ser el hombre que
Dios quiere que seas

Gene A. Getz
Kenton Getz

EDITORIAL
PORTAVOZ

La misión de Editorial Portavoz consiste en proporcionar productos de calidad —con integridad y excelencia—, desde una perspectiva bíblica y confiable, que animen a las personas a conocer y servir a Jesucristo.

Traducción: Belmonte Traductores, www.belmontetraductores.com

Las cursivas añadidas en los versículos bíblicos son énfasis de los autores.

EDITORIAL PORTAVOZ
2450 Oak Industrial Dr. NE
Grand Rapids, Michigan 49505 USA
Visítenos en: www.portavoz.com

ISBN 978-0-8254-5942-9 (rústica)

2 3 4 5 / 30 29 28 27 26 25 24

Impreso en los Estados Unidos de América
Printed in the United States of America

ELOGIOS PARA
LA MEDIDA DE UN JOVEN

Durante años, Gene Getz ha sido una de las principales voces en el ministerio de hombres. En verdad, este libro es un nuevo clásico para guiar a los jóvenes hacia la madurez espiritual. Lo recomiendo para cualquiera que quiera todo lo que Dios le tiene preparado.

JIM BURNS, PH.D.
Presidente de HomeWord
Autor de *Padres confiados*

Los padres descubrirán que este potente libro tiene una huella intensamente bíblica y práctica para desafiar a sus hijos a elevarse por encima de la niebla tóxica de nuestra sociedad y causar un impacto espiritual en un mundo insensibilizado, el cual es el plan de Dios para vivir en su voluntad.

DR. HOWARD HENDRICKS
Profesor emérito distinguido del Centro para el Liderazgo Cristiano
Seminario Teológico de Dallas

Como padre de tres hijos adultos, recomiendo sinceramente el libro de Gene y Kenton Getz, *La medida de un joven*. Es la respuesta a una saturación de libros de autoayuda y de listas ligeras de pasos fáciles para educar jóvenes en una época turbulenta. Como amigo, colega y beneficiario de la orientación del Dr. Getz, no me sorprendió encontrar un enfoque firme en las Escrituras. Con el aporte competente de su propio hijo, Gene ha producido otra obra maestra que será invaluable para padres y jóvenes.

JERRY B. JENKINS
Propietario de Christian Writers Guild y Jenkins Entertainment

DEDICATORIA

Mi papá y yo queremos dedicarles este libro a sus cinco nietos y a mis cuatro hijos: Kyle Fackler, Corbin Getz, Caleb Getz, Carter Getz y Cooper Getz: que Dios siga atrayendo sus corazones hacia Él. Mi oración es que encuentren una relación enriquecedora con Él durante su viaje. Puede emplearse más que una vida de esfuerzo para buscarlo y permitir que les ayude a desarrollar su conversación, vida, amor, fe y pureza. Sin importar lo que tengan que afrontar, Él está ahí para guiarles. Aférrense a esta verdad.

En segundo lugar, quiero dedicarle este libro a mi esposa Carla, quien es un modelo para mí en su búsqueda de Dios. No está dispuesta a conformarse con el statu quo en la vida, sino que vive confiando en Él y lo sigue. Ella me alienta y me apoya en los momentos buenos y malos de la vida. Gracias, cariño, por tu pasión por el Señor. Me siento orgulloso de ser tu esposo y nuestros hijos son benditos por tenerte de madre. Te amo.

En tercer lugar, quiero dedicarle este libro a mi papá, mi coautor. Agradezco todo el consejo y el ánimo que me dio mientras trabajábamos juntos en este libro. Papá, gracias por los años de liderazgo incesante en nuestra familia. Nunca te has apartado de tu fe en Dios y ¡has "practicado lo que predicas" de forma coherente! ¡Gracias!

En cuarto lugar, quiero dedicarle este libro a mi madre, quien es todo lo que mi papá dice que es en los reconocimientos. No es solo mi madre, sino también una amiga y la mayor admiradora de nuestra familia. Gracias, mamá, por estar ahí, apoyarnos a Carla y a mí y por querer a nuestros hijos, quienes tienen el privilegio y la fortuna de crecer conociéndote. Esperan con ilusión sus días con "Nana" y atesoran la relación especial que tienen contigo, al igual que yo. ¡Gracias, mamá!

Finalmente, quiero darle gracias a mi grupo de café dominical: Dan Martin, Greg Ligon y Greg Dudrow. Si no estuvieran en mi vida, este libro no habría sido posible. Aprecio su amistad y el hecho de estar con ustedes en el viaje de la vida.

Kenton Getz

Contenido

RECONOCIMIENTOS

En primer lugar, quiero reconocer a Elaine, mi esposa y madre de Kenton. No solo ha sido una compañera maravillosa y comprensiva para mí, sino también una mamá entregada.

Recuerdo muy bien un acontecimiento inusual que refleja la calidad de su relación. Entre el tercer y el cuarto año de Kenton en la Universidad Baylor, tuvo la oportunidad de hacer un curso de extensión sobre finanzas en Londres (Inglaterra). Entonces, se acercó a su madre y le preguntó si estaría interesada en acompañarlo durante un par de semanas en un viaje por Europa, en el que irían de excursión, pasarían la noche en lugares de alojamiento y desayuno, y viajarían de lugar en lugar por tren. Cuando Elaine me lo comentó, respondí con gran entusiasmo y le recordé que pocos hijos universitarios les pedían a sus madres que los acompañaran en este tipo de aventuras. Elaine respondió positivamente a la invitación de nuestro hijo y juntos viajaron por algunos lugares magníficos de Europa (especialmente, Alemania, Suiza y Austria).

Así que gracias, Elaine, por ser una madre estupenda para nuestro hijo. Sin tu ejemplo piadoso y tu aporte verbal en su vida, no estaríamos escribiendo juntos este libro.

En segundo lugar, Kenton y yo queremos agradecerles a Josh y Sean McDowell, quienes amablemente escribieron el prólogo de este libro. Los dos admiramos su ministerio como padre e hijo.

Finalmente, queremos agradecerle a Sue Mitchell, mi dedicada asistente administrativa, quien pasó muchas horas utilizando sus excelentes habilidades para procesar palabras y su perspectiva con el fin de ayudar a preparar este manuscrito para su publicación.

Gene A. Getz

PRÓLOGO

Nuestro amigo Gene Getz escribió un libro clásico cuando redactó *La medida del líder*. Ahora, hay un libro compañero titulado *La medida de un joven*, totalmente nuevo y diferente. El libro se basa en el desafío que Pablo le hizo a Timoteo: "No permitas que nadie te subestime por ser joven. Sé un ejemplo para todos los creyentes en lo que dices, en la forma en que vives, en tu amor, tu fe y tu pureza" (1 Timoteo 4:12).

Cuando las buenas personas de Regal le pidieron a Gene que escribiera este nuevo libro, él le pidió a su hijo Kenton que se uniese a él y que utilizaran este texto básico de las Escrituras como bosquejo. En muchos aspectos, este no es un concepto nuevo para Kenton. Comenzando en la escuela secundaria, Gene le escribió una serie de cartas basadas en este encargo a Timoteo, y continuó ese tipo de correspondencia a lo largo de los años de Kenton en la escuela secundaria y en la universidad.

En este libro, vas a conocer a Timoteo: su niñez, su experiencia de conversión y su relación única con Pablo. Aprenderás principios de la vida de este joven que te ayudarán a mantener tus ojos en Jesucristo a lo largo de tu propio viaje en la vida. Como otro equipo de padre e hijo, recomendamos este libro en gran manera.

Josh D. McDowell
Sean McDowell

INTRODUCCIÓN
Una carta de Gene

Querido joven amigo:

Hace unos 2000 años, un joven llamado Timoteo vivió en una ciudad muy pagana llamada Listra. Como la mayoría de las ciudades del mundo romano, familias completas eran testigos de la inmoralidad descarada en los templos paganos, ya que la actividad sexual ilícita era parte de su adoración religiosa. Sin embargo, Timoteo se volvió creyente del Señor Jesucristo cuando era un joven soltero, y se distinguió como ejemplo de piedad y de pureza sexual en una sociedad que era mucho más decadente que la nuestra.

Cuando el apóstol Pablo le escribió su primera carta, lo había dejado en Éfeso para que les ayudara a los cristianos a madurar en Cristo. Con el fin de cumplir con esta enorme responsabilidad, el apóstol lo animó con estas palabras tan desafiantes:

> No permitas que nadie *te subestime por ser joven*. Sé un *ejemplo* para todos los creyentes en *lo que dices*, en *la forma en que vives*, en tu *amor*, tu *fe* y tu *pureza* (1 Timoteo 4:12).

En este libro, *La medida de un joven*, mi hijo Kenton y yo queremos ayudarte a examinar con cuidado la tarea espiritual que Pablo le encargó a Timoteo. Descubrirás que también es aplicable en tu vida. A continuación, presentamos el desafío para este joven y para ti:

- Descubre quién eres.
- Sé un ejemplo siempre.
- Cuida tus palabras.
- Vive plenamente en la voluntad de Dios.
- Ama a los demás como Cristo te amó.
- Desarrolla tu fe.
- Mantén una vida de pureza moral.

¡Gracias por unirte a nosotros en este viaje espiritual! Aunque nunca te conozcamos en esta tierra, ¡esperamos verte algún día, cuando todos nos encontremos con Jesucristo cara a cara!

Gene Getz

INTRODUCCIÓN
Una carta de Kenton

Querido amigo:

Hitos. En la secundaria, fue una fiesta en casa de un amigo para celebrar el cierre del año escolar. El verano antes de empezar noveno grado, fue un viaje misionero a Suecia. Cuando cumplí 16 años, fue obtener la licencia de conducir y las llaves de un AMC Gremlin modelo '72: era amarillo con rayas negras de carreras... un primer auto estupendo. Como no se hacían para durar mucho tiempo, el aire acondicionado fue lo único valioso que quedó cuando no pude seguir con él.

Después de graduarme de la secundaria, fue mudarme a una habitación en la residencia de estudiantes de la universidad Baylor para empezar una nueva etapa. Después del segundo año, fue mudarme a Frisco (Colorado) para unirme al equipo de carreras del condado de Summit. Quería ver cómo un tejano podía competir en carreras de esquí sobre nieve contra chicos que crecieron sobre esquíes. Tras graduarme de Baylor, conseguí mi primer empleo en contabilidad.

Aquellos acontecimientos en mi vida son algunos ejemplos de ocasiones en las que estuve solo y fui responsable de tomar mis propias decisiones. Cada uno representó un paso hacia la independencia de mis padres. Tus propios hitos son importantes para ti porque estás en el mismo camino de desarrollar tu independencia. Tu historia es distinta a la mía, tus circunstancias son diferentes, al igual que los tiempos, pero, ¡el proceso de crecer es una realidad! Te está sucediendo.

La verdadera pregunta es: "¿Vas a escoger ser un hombre de Dios a medida que creces?". Es una gran pregunta a la que he tenido que enfrentarme a diario. Por eso, las palabras de 1 Timoteo 4:12 son de ánimo y reto para mí. Este es un versículo corto, directo y poderoso porque toca siete áreas que tienen efecto en la calidad de tus relaciones con Dios, tu familia, tus amigos y tu futura esposa.

Cuando hice mi primer viaje misionero, mi papá comenzó a escribirme una serie de cartas con base en el reto que recibió Timoteo. Él siguió con esas cartas durante varios años, mientras yo aconsejaba en un campamento cristiano y después, cuando era corredor de esquí en el nivel de competencia en Colorado. Estoy agradecido por aquellas cartas que me desafiaron a ser un ejemplo en estas áreas:

- *Conversación:* hablar y comunicarte con otros.
- *Conducta:* vivir diariamente y tomar decisiones.
- *Amor:* proteger tu corazón y tratar bien a los demás.
- *Fe:* medir lo que crees frente a las Escrituras y vivir tus creencias.
- *Pureza:* proteger tu mente, tu cuerpo y proteger a los demás.

Hoy, elige comenzar la *aventura* de convertirte en un hombre de Dios. Trabaja en las páginas de este libro y pon en práctica las aplicaciones del final de cada capítulo. El reto de Pablo para Timoteo es el reto de Dios para ti. Él *moldeará* tu corazón y los de tus amigos.

Kenton Getz

UNIDAD 1

Descubre quién eres

No permitas que nadie te subestime por ser joven.
1 TIMOTEO 4:12

Uno de los grandes desafíos que todos enfrentamos como jóvenes que estamos creciendo es descubrir quiénes somos como individuos. A esto lo llamamos *identidad*. Aunque Dios nos ha creado a cada uno con personalidades únicas, con frecuencia, el mundo imperfecto en el que vivimos nos impacta de maneras negativas. De hecho, algunos hombres adultos van por la vida tratando de ser alguien más, en vez de ser quienes Él quería que fueran.

Lo que vas a leer en los tres capítulos siguientes lo escribimos para ayudarte a responder la pregunta "¿Quién soy yo?". También, descubrirás tres principios dinámicos para vivir.

1

Descubre una vida nueva

PRINCIPIO PARA VIVIR

Para convertirte en el hombre que Dios quiere que seas, debes comenzar por recibir al Señor Jesucristo como tu Salvador personal.

Conoce a Timoteo, un joven que creció en la ciudad de Listra. Allí, casi todas las personas eran gentiles paganos que adoraban a los dioses griegos Zeus y Hermes. Afortunadamente, la madre de este joven era una mujer judía que temía al Señor y le enseñó sobre el Dios de Abraham, de Isaac y de Jacob.

MILAGROS EN LISTRA (HECHOS 14:8-20)

Cuando Pablo y su compañero misionero Bernabé entraron en Listra, comenzaron a hablar de las buenas nuevas, respecto al don de la vida eterna mediante la fe en el Señor Jesucristo. Mientras el apóstol explicaba la historia de salvación, observó a un paralítico que escuchaba atentamente y "tenía fe para ser sanado" (Hechos 14:9), por lo cual, le dijo: "¡Levántate!" (v. 10). Al instante, Dios lo sanó y ¡pudo caminar por primera vez en su vida!

La multitud que vio lo sucedido estaba sorprendida. Al instante, pensaron que su dios Hermes se había encarnado en la persona de Pablo y que Bernabé era Zeus, así que comenzaron a adorarlos.

Pablo y Bernabé estaban horrorizados y avergonzados. Literalmente, "se rasgaron la ropa" (v. 14) y gritaron que eran hombres, no dioses. Sin embargo, ocurrió algo inesperado: algunos judíos enojados pusieron a la multitud en su contra, por lo que enfocaron su oposición en Pablo, lo apedrearon y como creyeron que estaba muerto, arrojaron su cuerpo a las afueras de la ciudad.

Entonces, sucedió otro acontecimiento milagroso. Mientras un grupo de creyentes lo rodeaba, él se levantó de forma sobrenatural, regresó a la ciudad y después, se fue con Bernabé a otro sitio. Fue en algún momento durante esos acontecimientos cuando Timoteo y su madre Eunice oyeron el mensaje de salvación y pusieron su fe en el Señor Jesucristo.

EXPERIENCIAS DE LA INFANCIA

Veamos más detenidamente las experiencias de Timoteo cuando era niño, mientras crecía en esta ciudad pagana. Él había observado la adoración pagana que a menudo se asociaba con todo tipo de inmoralidad sexual. Probablemente, su propio padre adoraba a los dioses griegos Zeus y Hermes. Quizás había presenciado, o al menos oído, sobre la infidelidad sexual de su padre, lo cual no era de sorprender, ya que ocurría en todo el imperio romano.

Sin embargo, a pesar de crecer allí, su madre le enseñó mucho sobre el Antiguo Testamento. En la segunda carta que Pablo le escribió, le recordó: "Desde la niñez, se te han enseñado las sagradas Escrituras" (2 Timoteo 3:15).

EL MILAGRO EN EL MONTE SINAÍ

¿Qué le enseñó su madre? Por supuesto, solo podemos especular, pero desde luego, podemos deducir que le contó cómo Dios liberó a los hijos de Israel de Egipto. Más importante aún, le debió de haber enseñado los Diez Mandamientos. Timoteo se habría sorprendido al escuchar lo que ocurrió en el Monte Sinaí, cuando el Señor habló literalmente desde la montaña, que se consumía con fuego y humo, y después grabó los mandamientos en dos tablas de piedra. Al ver las actividades idólatras de su entorno (todos los días), los dos primeros mandamientos se habrían quedado grabados en su mente:

> No tengas ningún otro dios aparte de mí. No te hagas ninguna clase de ídolo ni imagen de ninguna cosa que está en los cielos, en la tierra, o en el mar. No te inclines ante ellos ni les rindas culto (Éxodo 20:3-5).

Aunque no participemos de la idolatría, como lo hacían las personas de la ciudad donde vivía Timoteo, ¿cuáles son algunas de las cosas en tu vida que podrían convertirse en un ídolo, es decir, en algo más importante que Dios?

UN MODELO A IMITAR DEL ANTIGUO TESTAMENTO

Quizá una de las historias favoritas de Timoteo fuera la de Daniel: era solo un joven de 15 años, cuando a él y a otros tres chicos de su edad los separaron de sus familias y los deportaron a Babilonia, en el momento que el rey Nabucodonosor lanzó su primer ataque contra Jerusalén. Una vez allí, los escogieron para ingresar a una escuela, donde los entrenaron bien en todos los aspectos de la religión pagana.

El rey tenía planes para ellos e insistió en que comieran la mejor comida y bebieran el mejor vino de su reino. Sin embargo, Daniel "estaba decidido a no contaminarse con la comida y el vino dados por el rey" (Daniel 1:8a). De hecho, tomó esa decisión en su corazón porque sabía que la comida y la bebida ya se las habían ofrecido a dioses paganos, y no quería reconocerlos ni honrarlos de ninguna manera. Por lo tanto, le pidió permiso al oficial mayor para no contaminarse (ver Daniel 1:8b).

Dios honró su decisión y sus tres amigos se unieron a él en este compromiso. Negarse a obedecer al rey podría haberles costado la vida, pero prosperaron a nivel físico e intelectual, y después, se graduaron con honores (ver Daniel 1:8-21). Como resultado de su resolución de honrar a Dios en medio de esas circunstancias difíciles, Daniel y sus tres amigos se convirtieron en sus testigos valientes en medio de esa cultura pagana durante los años siguientes.

La historia de Daniel habría preparado a Timoteo para tomar su propia decisión valiente de poner su fe en Jesucristo. Pablo hizo referencia a esto en su segunda carta, cuando le escribió:

> Desde la niñez, se te han enseñado las sagradas Escrituras, las cuales te han dado la sabiduría para recibir la salvación que viene por confiar en Cristo Jesús (2 Timoteo 3:15).

PRINCIPIO PARA VIVIR
RECIBIR A CRISTO

Para convertirte en el hombre que Dios quiere que seas, debes comenzar por recibir al Señor Jesucristo como tu Salvador personal.

¿Y QUÉ DE TI?

No conocemos tu trasfondo familiar ni sabemos nada de tus amigos. Quizá tus padres sean cristianos, o como los padres de Timoteo, uno siga a Cristo y el otro no. Tal vez estén divorciados. Quizá no haya ningún cristiano en tu familia. A lo mejor tus padres afirman ser cristianos pero no viven como deberían y ¡ese tipo de hipocresía te ha dejado con una sensación desagradable!

Sin importar cuáles sean nuestros trasfondos, todos tenemos un problema que nos separa de Dios, y ese problema es el "pecado". Cuando entiendes que eres pecador, debes tomar una decisión: te vuelves a Jesús y lo aceptas como tu Salvador, o rechazas lo que ha hecho por ti y sigues viviendo para ti mismo.

Cuando yo (Kenton) tenía cinco años, escuché la historia de Jesús, quien murió y resucitó de la tumba, como sacrificio por los pecados de todo el mundo. Cuando llegué a casa, hablé con mi madre al respecto, y ella me ayudó a entender que yo no era perfecto y que había pecado. Ese pecado me impediría entrar al cielo, a menos que aceptara el regalo de Dios e invitara a Jesús a entrar en mi vida. Ella oró conmigo ese día. Yo supe que era pecador y que Jesús había hecho algo maravilloso al morir por mí y llevar mi castigo. Acudí a Jesús, le di las gracias, y entonces lo invité a entrar en mi corazón.

Dios tiene ese mismo regalo para ti, pero ¡es una decisión que solo tú puedes tomar! Primero, ¡debes *admitir y reconocer que eres pecador y que necesitas un Salvador!* La verdad es que nadie es perfecto, no hay ni uno que no tenga pecado. No somos como Dios, el cual es completamente santo. Por lo tanto, no alcanzamos la medida de su gloria. Además, la Biblia dice que el resultado de nuestros pecados es muerte espiritual y separación de Dios. Piensa en los siguientes versículos de la carta de Pablo a los romanos:

> Pues todos hemos pecado; nadie puede alcanzar la meta gloriosa establecida por Dios (Romanos 3:23).
>
> Pues la paga que deja el pecado es la muerte, pero el regalo que Dios da es la vida eterna por medio de Cristo Jesús nuestro Señor (Romanos 6:23).

Segundo, debes creer y confesar que Jesucristo murió por tus pecados y resucitó. A la vez, debes pedirle que te salve y Él contestará tu oración. Piensa en la siguiente respuesta, cuando el carcelero de Filipos les preguntó a Pablo y a Silas cómo podía ser salvo:

> Después los sacó y les preguntó: "Señores, ¿qué debo hacer para ser salvo?". Ellos le contestaron: "Cree en el Señor Jesús y serás salvo, junto con todos los de tu casa" (Hechos 16:30-31).

UNA ORACIÓN SENCILLA

Para ayudarte a acudir a Jesús, verás a continuación un modelo de oración. Repite estas palabras con sinceridad y, como Timoteo, tendrás una experiencia que cambiará tu vida y que continuará hasta que Dios te llame a tu hogar en el cielo:

> *Amado Jesús, confieso que soy pecador y que necesito un Salvador. Creo que eres el Hijo de Dios, que llevaste el castigo de mis pecados y moriste en mi lugar. Creo que Dios te levantó de los muertos y que estás vivo. Abro la puerta de mi corazón, y te pido que entres y seas el Señor de mi vida. Gracias, Jesús, por amarme y aceptarme tal como soy. Gracias por entrar en mi vida y salvarme. En tu nombre, amén.*

Ahora que has hecho esta oración, léela una vez más y escribe tu nombre y fecha en el espacio provisto. Si ya habías tomado esta decisión, escribe tu nombre y si puedes, la fecha en que recibiste al Señor Jesucristo como tu Salvador personal.*

Nombre ____

Fecha ____

UN RETO FINAL

Si hiciste esta oración, asegúrate de hablar de tu experiencia con otro cristiano que pueda animarte y ayudarte a crecer en tu vida cristiana.

* **Nota**: Que no sepas el momento y la fecha en que recibiste al Señor Jesucristo como tu Salvador con exactitud no significa que no seas salvo. Lo importante es que sepas que has creído en Cristo y que Él es tu Salvador. Sin embargo, si no estás seguro de tu salvación, puedes tener la certeza al hacer la oración anterior con sinceridad, firmar en el espacio en blanco e incluir la fecha.

2

Ora por valentía

PRINCIPIO PARA VIVIR

Aunque eres joven, debes pedirle a Dios que te fortalezca y te anime para que puedas lograr lo que parece ser una tarea impresionante.

Cuando Pablo regresó a Listra varios años después, en su segundo viaje misionero, tuvo una sorpresa maravillosa: se enteró de la decisión que había tomado Timoteo de seguir a Cristo. Incluso los cristianos de una ciudad vecina hablaban del compromiso de este joven de vivir en la voluntad de Dios. Lucas escribió en el libro de Hechos que "los creyentes de Listra e Iconio tenían un buen concepto de Timoteo" (Hechos 16:2).

Aunque ciertamente hubo muchas conversaciones que desconocemos entre Pablo y la familia de este joven, algo es seguro: el apóstol estaba impresionado con él y quería que se le uniera como compañero en sus viajes misioneros.

Debió de resultar difícil para su madre Eunice permitirle dejar el hogar y unirse al apóstol en un viaje que sería muy difícil e incluso peligroso. Después de todo, ella había visto cómo unas personas enojadas intentaron matar a Pablo varios años atrás. Sin embargo, no cabe duda de que le dio permiso y confió en que Dios protegería a su hijo. De hecho, en la segunda carta de Pablo a Timoteo, elogió a su madre por su "fe sincera" (2 Timoteo 1:5).

Con respecto al padre de Timoteo, el cual no era creyente, no debió haber puesto oposición. ¡Quizás no le importaba! De hecho, puede que nunca llegara a convertirse en creyente de Jesucristo.

Hasta donde sabemos, Timoteo permaneció junto a Pablo por varios años. Se convirtió en un siervo fiel y dedicado de Cristo, y cuando liberaron al apóstol de su primer encarcelamiento, le encomendó a este joven una enorme responsabilidad: ayudar a resolver algunos problemas muy difíciles de la iglesia en Éfeso.

¡UNA TAREA IMPRESIONANTE!

Si puedes, imagina cómo sería estar en el lugar de Timoteo. Hombres mayores que él, algunos con muchos más años, no enseñaban la verdad, sino que creaban disputas en la iglesia, por lo que Pablo le dijo a Timoteo que les "mandara" que dejaran de actuar de esa manera (ver 1 Timoteo 1:3-4).

Esta *era* una tarea impresionante, así que era comprensible que Timoteo se sintiera ansioso y temeroso. Algunos lo rechazarían e incluso lo acusarían de ser arrogante. Otros llevaban un estilo de vida tan pecaminoso que incluso intentarían hacerle daño. Para empeorar aún más las cosas, Timoteo tuvo que enfrentarse a hombres que querían convertirse en pastores oficiales, pero no eran aptos a nivel espiritual (ver 1 Timoteo 3:1, 8; 5:17, 19).

La mayoría tenían sus propias familias y Timoteo era todavía un joven soltero. Si tuvieras su tarea, ¿cómo les responderías a hombres mayores y malhumorados que te gritan en la cara: "¿Quién eres tú para evaluarnos como posibles líderes espirituales? Solo eres un niño y ¡ni siquiera tienes hijos!"?

¿Cómo te sentirías si fueras el responsable de guiar a hombres mayores que tú, aunque fueran espiritualmente maduros?

Timoteo tuvo que enfrentar problemas mayores. Algunos de los que ya eran líderes oficiales mostraban una conducta pecaminosa y egoísta. Con razón, necesitaba el ánimo de Pablo. Por eso, Pablo le escribió: "No permitas que nadie te subestime por ser joven" (1 Timoteo 4:12a). En otras palabras: "No permitas que nadie te menosprecie por ser joven. ¡No dejes que el temor y la intimidación te impidan realizar tus tareas, por difíciles que sean!".

UN EJEMPLO DEL ANTIGUO TESTAMENTO

Al haber escuchado historias del Antiguo Testamento desde que era niño, ciertamente Timoteo recordaba la experiencia de Josué (ver 2 Timoteo 3:15), quien, incluso de adulto, tuvo que enfrentarse a la impresionante tarea de guiar al pueblo de Israel hasta la tierra prometida. Los padres de la generación más joven habían muerto en el desierto, debido a su desobediencia pecaminosa. Incluso Moisés había tenido dificultades para guiarlos a vivir en la voluntad de Dios. ¿Acaso esta nueva generación se comportaría diferente?

Los temores de Josué eran comprensibles. En realidad, temblaba. Por lo tanto, el Señor le habló y lo desafió en repetidas ocasiones para que fuera "fuerte y valiente" (Josué 1:6-7, 9). Pablo le planteó el mismo reto a Timoteo y ¡te dice lo mismo a ti! ¡"Sé fuerte y valiente" cuando estés desanimado, deprimido y temeroso! Pero más importante aún, recuerda la promesa de Dios de que estará contigo por siempre.

PRINCIPIO PARA VIVIR
ORA POR VALENTÍA

Aunque eres joven, debes pedirle a Dios que te fortalezca y te anime para que puedas lograr lo que parece ser una tarea impresionante.

Mi padre, Gene Getz, ha dedicado su vida a estudiar la Biblia. Dios le ha dado oportunidades de ministrar a personas en todo el mundo y de enseñarles principios bíblicos. Cuando estudia las Escrituras, ve lo que el Señor dice en un pasaje específico y después busca otros capítulos y versículos que comunican la misma verdad. Las verdades que emergen de esos pasajes también pueden llamarse "principios para vivir".

Cuando miramos las Escrituras como un todo, podemos ver que Dios se ha relacionado con sus seguidores de forma constante durante miles de años. De hecho, usa historias bíblicas que narran vidas de personas para comunicarnos principios con el fin de que vivamos con base en éstos. Si se han establecido correctamente, nunca cambian estos principios, son aplicables mientras vivamos en esta tierra y nos van a guiar en nuestra aventura de convertirnos en hombres de Dios.

Por ejemplo, este segundo principio que surge de nuestro estudio de 1 Timoteo 4:12 se relaciona con la frase inicial que Pablo le escribió a su hijo espiritual: "No permitas que nadie te subestime por ser joven". A pesar de que las personas intenten desanimarte, Dios quiere usarte de formas especiales, aunque seas joven. Tal vez tus tareas no sean tan impresionantes como las de Timoteo, pero quizás tus temores y ansiedades sean similares. A pesar de tus sentimientos, queremos animarte a dejar que Dios te use.

ORA DE FORMA ESPECÍFICA

Con base en este principio, queremos que des un paso importante: sencillamente, pídele a Dios que te muestre cuál es la tarea especial que tiene para ti en este momento de tu vida. Quizás ya sepas en qué consiste. Si es así, pídele valor para hacerla en su fuerza. A continuación, te presentamos algunos ejemplos de oración en los que puedes pedir valentía:

- Hablar del mensaje de Cristo con un amigo, un familiar, un jefe o un maestro.
- Hablar con un amigo que está tomando decisiones que no concuerdan con la voluntad de Dios.
- Confrontar en amor a un joven abusivo que molesta a los chicos menores que él.
- Darles una clase de escuela dominical a niños más pequeños.
- Solicitar un trabajo específico.
- Presentar las pruebas de un deporte en particular.
- Pedirle a una persona piadosa y mayor que tú que sea tu mentor.
- Otra ____

PROMESAS DE ORACIÓN

Antes de orar específicamente, medita en las siguientes promesas de la Biblia:

> No se preocupen por nada; en cambio, oren por todo. Díganle a Dios lo que necesitan y denle gracias por todo lo que él ha hecho. Así experimentarán la paz de Dios, que supera todo lo que podemos entender. La paz de Dios cuidará su corazón y su mente mientras vivan en Cristo Jesús (Filipenses 4:6-7).

COMPAÑEROS DE ORACIÓN

Para realizar este paso, te animamos a que le pidas a un buen amigo que ore contigo mientras buscas la voluntad de Dios. Recuerda que Jesús dijo:

> También les digo lo siguiente: si dos de ustedes se ponen de acuerdo aquí en la tierra con respecto a cualquier cosa que pidan, mi Padre que está en el cielo lo hará. Pues donde se reúnen dos o tres en mi nombre, yo estoy allí entre ellos (Mateo 18:19-20).

3

Vence el temor

PRINCIPIO PARA VIVIR

Para vencer el temor, debes establecer tu propia identidad al descubrir quién eres en Jesucristo.

Todos experimentamos temor, es una emoción creada por Dios. Sin éste, todos estaríamos en problemas, ya que evita que hagamos cosas estúpidas. Por otro lado, si continuamente sientes un temor tan intenso que te impide salir de casa, hacer amigos o realizar tu trabajo, también estás en serios problemas. Dios no quiere que vivas con ese tipo de ansiedad y preocupación.

Timoteo luchaba con un temor que a veces le hacía dudar de hacer lo que el Señor quería que hiciera. Su mentor, el apóstol Pablo, entendió esta tendencia de su joven amigo. Por eso, en su última carta, le escribió y lo animó con estas palabras tan directas:

> Pues Dios no nos ha dado un *espíritu de temor* y timidez sino de poder, amor y autodisciplina (2 Timoteo 1:7).

¿Por qué luchaba Timoteo con el temor? A continuación, verás algunas razones posibles y comprensibles. Quizás puedas identificarte con su experiencia de alguna manera.

UN PADRE QUE NO ES SALVO

No se nos dice cómo respondió el padre de Timoteo cuando su esposa y su hijo se volvieron cristianos. Parece posible que él rechazara el mensaje de salvación durante años. En otras palabras, este joven creció en un hogar donde solo su madre creía en Jesús.

Este no fue el trasfondo hogareño ideal, así como tampoco lo fue el resto de su entorno. De hecho, el mundo que lo rodeaba estaba permeado de idolatría e inmoralidad, y aunque tenía una madre piadosa, no tener un padre cristiano firme, ciertamente le afectó de manera negativa. Si bien después tuvo un sustituto maravilloso en el apóstol

Pablo, está claro que nadie puede suplir del todo a un padre que no es buen ejemplo para su hijo en la infancia. Quizás sea una de las razones por las que Timoteo a veces se sentía profundamente temeroso y ansioso.

UN ENTORNO AMENAZANTE

El apóstol también entendía la tendencia de Timoteo de llenarse de ansiedad y sentirse amenazado debido a la persecución. De joven, probablemente estuvo entre los discípulos que vieron a Pablo apedreado en su ciudad natal y que se reunieron a su alrededor cuando pensaron que estaba muerto (ver Hechos 14:19-20). Aunque Dios le permitió sobrevivir milagrosamente a esa terrible experiencia, podemos estar seguros de que Timoteo nunca olvidó aquella horrible escena.

Aunque tus experiencias sean muy distintas de las de Timoteo, ¿qué ha provocado temores prolongados en tu vida?

Lo qué ocurrió en la ciudad natal de Timoteo fue solo el comienzo de la persecución para Pablo y su equipo misionero. ¿Cómo podía olvidar este joven lo que ocurrió en Filipos, cuando vio cómo azotaron a Pablo y a Silas con varas, les infligieron muchos golpes y luego, los encerraron en la celda más interna con criminales convictos? (ver Hechos 16:22-24). Y de nuevo, aunque fueron liberados de forma milagrosa, ¿cómo podría olvidar esa noche tan increíble? El apóstol entendía el temor persistente de Timoteo y a menudo animaba a su joven acompañante.

PRINCIPIO PARA VIVIR
TU IDENTIDAD EN CRISTO

Para vencer el temor, debes establecer tu propia identidad al descubrir quién eres en Jesucristo.

UNA EXPERIENCIA HORRIPILANTE

Durante mi niñez, yo (Kenton) era el menor de nuestra familia. Tengo dos hermanas que son seis y siete años mayores que yo. Así que cuando yo estaba en la escuela primaria, ellas comenzaban su adolescencia. No es necesario decir que veían algunas cosas en la televisión que me asustaban mucho y que tuvieron un efecto tremendo en mi temor a la oscuridad. Ese temor se relaciona con una película que vi sobre una madre que estaba en casa con su bebé y el ama de llaves. Afuera, había una terrible tormenta, por lo que se fue la electricidad en su casa. Su esposo iba a llegar tarde debido a un problema en la autopista.

Lo siguiente que vi fue a la mujer diciéndole al ama de llaves que todo saldría bien y que podía irse. Entonces, la cámara enfocó el frente de la casa y mostró al ama de llaves que se subía a su auto. Después, mostró una ventana en el segundo piso, donde la mujer golpeaba frenéticamente el cristal y gritaba para tratar de llamar la atención de la otra mujer para decirle que se quedara.

En la siguiente escena, un rayo iluminó la casa y la mujer se encontró cara a cara con su doble, la cual tenía el ceño fruncido y se reía de forma malvada. La doble señaló con su dedo a la mujer y le dijo con una voz terrible y espantosa: "Dame tu bebé".

La mujer corrió a la habitación del niño, dio un portazo y cerró con llave. Entonces, la cámara hizo un acercamiento a la cerradura y de manera misteriosa, ésta giró muy despacio. La puerta se abrió y se podían ver dos sombras: la mujer en una esquina de la habitación con el bebé en brazos y su doble maligno que caminaba hacia ella. La mujer se aferraba a su bebé y gritaba. Su doble se reía con maldad, y entonces la agarró por el cuello y comenzó a ahogarla, gritando: "¡Dame tu bebé!".

En ese instante, su esposo llegó a casa. Corrió, subió las escaleras y encontró a su esposa viva, sosteniendo al bebé y llorando. Su doble maligno había desaparecido y no se veía por ningún lado. La película se terminó, pero no mi recuerdo de lo que había sucedido.

Entonces, ¿cuál fue el efecto de esa película en un niño pequeño? No quería dormir en mi habitación por temor a que algo malo me ocurriera. Además, la siguiente vez que hubo una tormenta y se fue la luz, no podía separarme de mi madre, porque quién sabe qué encontraría en nuestra casa en la oscuridad. Hasta el día de hoy, cuando se va la luz en una tormenta, tengo recuerdos de esa película, y puedo recordar las escenas y los personajes en mi cabeza.

TEMOR... VENCER EXPERIENCIAS NEGATIVAS

El cerebro es un órgano poderoso y un regalo de Dios. Es como una computadora: registra todo lo que interiorizas y almacena todos tus recuerdos. Saca experiencias de tu pasado y forma una red fundamental para la toma de decisiones. Por eso es tan importante llenar tu mente de pensamientos y verdades edificantes, que no sean destructivas.

Estás en una batalla constante con el sistema del mundo, que trabaja por programar tu mente y ganar tus pensamientos para sus propios propósitos. Así como tienes que proteger a tu computadora de programas dañinos que están diseñados para destruirla, también debes proteger tu mente. El mundo está lleno de virus, gusanos y tácticas para estafar que se han diseñado con el fin de apartarte de la verdad de quién eres en Cristo. Al autor del sistema del mundo, quien intenta distraerte para que no sigas a Dios, lo describen en la Biblia como una amenaza muy real para tu vida. En 1 Pedro 5:8, el apóstol describe a Satanás como un "león rugiente":

> ¡Estén alerta! Cuídense de *su gran enemigo, el diablo*, porque anda al acecho *como un león rugiente*, buscando a quién devorar.

¡El temor es una de sus tácticas más fuertes! Lo usó con Timoteo la mayor parte de su vida. Pero Satanás no salió victorioso. A pesar de la tendencia de Timoteo a sentirse presa de esta emoción negativa, sabía quién era en Jesucristo. Tenía una nueva identidad. A esto se refería Pablo cuando les escribió a los corintios:

> Esto significa que todo el que pertenece a Cristo se ha convertido en una persona nueva. La vida antigua ha pasado, ¡una nueva vida ha comenzado! (2 Corintios 5:17).

QUIÉN ERES EN CRISTO

Cuando experimentes temor, piensa en tu identidad con y en Cristo. A continuación, presentamos algunas verdades bíblicas maravillosas para reflexionar en ellas. Marca (√) en las que más te ayuden a vencer el temor y la ansiedad:

- ❏ Soy hijo de Dios (Juan 1:12; 1 Juan 3:1-3).
- ❏ He sido redimido y perdonado de todos mis pecados (Colosenses 1:14).
- ❏ He sido adoptado como hijo de Dios (Efesios 1:5).
- ❏ Pertenezco a su familia (Efesios 2:19).
- ❏ Soy amigo de Cristo (Juan 15:15).
- ❏ Nada puede separarme del amor de Dios (Romanos 8:35).
- ❏ Tengo al Espíritu Santo, quien habita en mí (Efesios 1:13-14).
- ❏ Todo lo puedo en Cristo que me fortalece (Filipenses 4:13).
- ❏ Puesto que he nacido de Dios, Satanás no puede tocarme (1 Juan 5:18).

LA REFLEXIÓN DE UN PADRE

Cuando Kenton escribió esta historia, fue la primera vez que la escuché. De haber sabido por qué tenía tanto miedo, ¿qué habría podido hacer como padre para ayudarle a vencerlo? ¿Cómo podría haberlo animado a ser más abierto como hijo conmigo? De hecho, ¿por qué nunca me la contó? Quizás lo intentó, pero no entendí lo que trataba de decirme.

Si tienes "temores" que siguen molestándote, habla con tu papá, tu mamá u otro adulto comprensivo. Puede que te identifiques con la historia de Kenton, aunque "tus temores" tengan que ver con una situación totalmente distinta.

UNIDAD 2

Sé un ejemplo

No permitas que nadie te subestime por ser joven.
Sé un ejemplo para todos los creyentes...
1 TIMOTEO 4:12

Cuando Pablo escribió sus cartas a Timoteo, retó a este joven a ser siempre un ejemplo para otros. Puesto que todos necesitamos oír la Palabra de Dios, él debía predicar el mensaje de la Biblia (2 Timoteo 4:2). Sin embargo, también debía demostrar con su vida cómo era la vida de un cristiano. De hecho, esto fue lo que hizo que sus "palabras" fueran significativas para otros.

¿Cómo han afectado a tu vida los buenos ejemplos de otros, y qué tipo de ejemplo eres tú para los demás? Los siguientes tres capítulos te ayudarán a responder a estas preguntas a medida que descubres principios para vivir.

4

Practica lo que predicas

PRINCIPIO PARA VIVIR

Para ser un buen ejemplo para otros, debes imitar la vida de Cristo.

Era muy joven cuando fui profesor en el Instituto Bíblico Moody. Solo tenía 23 años y le enseñaba a estudiantes mayores que yo. Yo (Gene) recuerdo un día en el que estaba sentado en la capilla y escuchaba a nuestro presidente, el Dr. Culbertson, quien se dirigía tanto a los alumnos como al profesorado. Primero, miró a los alumnos y les dijo: "Jóvenes, ustedes olvidarán lo que dicen sus maestros". Después, se dirigió a nosotros y terminó su idea: "¡Pero nunca olvidarán quiénes son ellos!".

Nunca he olvidado ese momento ni ese mensaje. Sus palabras penetraron mi mente y mi corazón porque comprendí como nunca antes cuán importante era ser *ejemplo* para las personas a las que enseñaba.

Quizá te identifiques con esta experiencia. Incluso en tu corta vida ya has tenido muchos maestros. Piensa por un momento en lo que has aprendido de lo que te enseñaron con sus palabras. Ahora piensa en cómo vivían.

UN TIEMPO DE DUDA

Recuerdo otra experiencia que afectó drásticamente mi vida cuando era joven. Mientras estaba en la universidad, ayudé en una iglesia y me desilusioné mucho, porque varios líderes cristianos vivían de forma incoherente. Me confundí tanto que comencé a cuestionar casi todo lo que se me había enseñado sobre el cristianismo.

Pasé por un período muy oscuro en mi vida. Sin embargo, finalmente pude volver a enfocar mis pensamientos y emociones al comprender que necesitaba fijar mis ojos en el Señor Jesucristo, quien era y es la única Persona que nunca me va a defraudar.

Sin embargo, atravesar ese tiempo difícil me enseñó otra poderosa lección espiritual. Aunque todos deberíamos entender que solo el Señor Jesucristo es el mismo ayer, hoy y siempre, la voluntad de Dios es que otros puedan vernos como ejemplos piadosos. Aunque nunca viviremos de forma perfecta en esta tierra, debemos vivir de forma coherente y ser capaces de decir con nuestro ejemplo lo que Pablo escribió sobre sí mismo: "Y ustedes deberían imitarme a mí, así como yo imito a Cristo" (1 Corintios 11:1).

EL EJEMPLO DE PABLO

Timoteo ya entendía cuán importante era modelar el mensaje de Cristo cuando les explicaba la Palabra de Dios a otros. Sin embargo, no aprendió este principio por lo que Pablo decía, sino por su forma de vida, pues observó una y otra vez que era semejante a la de Cristo. Por ejemplo, cuando les escribió una carta a los cristianos en Tesalónica, comentó sobre cómo él, Silas y Timoteo habían vivido entre los nuevos conversos:

> Ustedes mismos son nuestros testigos —al igual que Dios— de que fuimos *consagrados, sinceros e intachables* con todos ustedes, los creyentes (1 Tesalonicenses 2:10).

Este es solo un suceso en el establecimiento de iglesias que le enseñó a Timoteo cuán importante era modelar el mensaje de Cristo para comunicarlo con "palabras" de forma eficaz. Fue testigo de primera mano de cómo vivía Pablo entre las personas cuando les enseñaba la verdad bíblica. No solo proclamaba la Palabra de Dios, sino que también la ejemplificaba con su vida, pues vivía lo que enseñaba.

¿De qué formas puedes "practicar lo que predicas" de manera más coherente?

PRINCIPIO PARA VIVIR
IMITA A CRISTO

Para ser un buen ejemplo para otros, debes imitar la vida de Cristo.

Piensa por un instante cómo se aplica esto en tu vida y en la mía. ¿Cuántos podríamos animar a otros a seguir nuestro ejemplo, así como nosotros seguimos el de Cristo? De hecho, al escribirte estas palabras, Kenton y yo recibimos un pensamiento aleccionador: aunque quizás nunca nos conozcamos personalmente ni observes de cerca si "practicamos lo que predicamos", hay algunos que sí lo hacen, especialmente nuestras esposas, hijos y nietos. ¡Este mensaje para ti es también para nosotros!

SORPRESA, SORPRESA...

Yo (Kenton) quiero ser claro y completamente sincero... ¿estás listo? No soy perfecto. Cometo errores y hay días en los que tomo decisiones con base en mis propios deseos egoístas. A veces, podrías señalar mi vida y decir: "¡No vives lo que predicas!".

¡En ocasiones, mis *palabras* no instruyen! Digo cosas que lastiman a otros, en lugar de edificarlos. ¡Mi *conducta* puede ser orgullosa! Creo que tengo la razón en algo y me vuelvo arrogante, por lo que no estoy dispuesto a escuchar a otros. Cuando sucede, mi actitud no es *amorosa* porque ignoro las necesidades y los deseos de otros para servirme a mí mismo y a mis propios objetivos.

Pablo también le dijo a Timoteo que fuera "ejemplo... en fe" y en "pureza". A veces, mi *fe* en Dios sufre porque me siento ansioso y temeroso por algo, y actúo para tener el control de la situación, en lugar de confiar en Él. Y, como la mayoría de los hombres, lucho con la *pureza* y con mantener limpios mis pensamientos. Por ejemplo, ver televisión es un campo de batalla, así que debo tener cuidado con los programas que escojo. Muchos tienen escenas sensuales con mujeres atractivas que plantan imágenes visuales en mi mente, las cuales a menudo dan lugar a pensamientos lujuriosos. Por esta razón, debo luchar contra ellos y llevarlos cautivos.

Batallar contra nuestros propios deseos egoístas no es nada nuevo. Incluso Pablo peleaba con querer hacer lo "correcto", pero veía que terminaba haciendo lo "incorrecto", lo cual describe en su carta a los romanos:

> Realmente no me entiendo a mí mismo, porque quiero hacer lo que es correcto pero no lo hago. En cambio, hago lo que odio (Romanos 7:15).

Al igual que yo, estoy seguro de que también quieres hacer lo bueno, pero a veces te das cuenta de que haces lo contrario. Quizás tengas períodos positivos en tu vida, pero entonces, de repente, luchas con el egoísmo y reaparecen los viejos patrones pecaminosos o se desarrollan otros nuevos. Te encuentras de regreso en la batalla de querer hacer lo bueno, pero en realidad haces lo contrario. ¿Te sorprendes cuando esto ocurre? Sé que me sorprendo, pero no debería, porque Pablo experimentó la misma lucha y nunca perdió la esperanza.

PRACTICA LO QUE PREDICAS AUN CUANDO QUISIERAS HACER LO CONTRARIO

¿Qué hacemos cuando luchamos con la tentación y la conducta pecaminosa? El apóstol nos da la respuesta en el mismo pasaje:

> ¡Soy un pobre desgraciado! *¿Quién me libertará de esta vida dominada por el pecado y la muerte? ¡Gracias a Dios! La respuesta está en Jesucristo nuestro Señor* (Romanos 7:24-25a).

La simple existencia de nuestros deseos egoístas apunta a nuestra necesidad de Jesús. Pablo entendió la batalla y no vio esperanza alguna de resolverlo por su cuenta. Por tanto, dio la respuesta a este dilema humano:

> ¡Gracias a Dios! La respuesta está en Jesucristo nuestro Señor... Por lo tanto, ya no hay condenación para los que pertenecen a Cristo Jesús; y porque ustedes pertenecen a él, *el poder del Espíritu que da vida los ha libertado del poder del pecado, que lleva a la muerte* (Romanos 7:25a; 8:1-2).

Si has recibido al Señor Jesús como tu Salvador personal, puedes "practicar lo que predicas" porque te ha librado de esta trampa. Sin embargo, no te sorprendas ni te sientas fracasado cuando luches o incluso caigas. La base para "practicar lo que predicas" es tu fe en Él y en saber que te liberó de un dilema que no podías resolver, ya que tus esfuerzos nunca podrían hacerlo. Cuando le permitimos al Espíritu Santo que nos guíe y nos dé fuerza, podemos vivir en la voluntad de Dios momento a momento, día tras día.

LA PREGUNTA SORPRESA DE PAPÁ

Recuerdo con claridad una conversación que tuve con mi papá cuando veníamos manejando desde Waco (Texas) y yo estudiaba en Baylor. De repente, me preguntó por qué no me había convertido en un adolescente rebelde. Me sorprendió su pregunta porque había hecho algunas cosas de las que me avergonzaba, algunas que él desconocía, pero también era cierto que no me había convertido en un "hijo pródigo". Desde luego, pude haber reflejado un comportamiento más como el de Cristo, pero sabía que mi fe en Él era real.

Recuerdo mi respuesta:

—Papá, es sencillo: ¡mamá y tú viven lo que predican! —rápidamente añadí que sabía que no eran perfectos, que cometían errores, pero en general vivían vidas coherentes, que "practicaban lo que predicaban", lo cual tuvo un efecto en mi vida.

UNA TAREA ESPECIAL

Para tener un estudio maravilloso del Antiguo Testamento, medita en el Salmo 1. Primero, observa la evolución que lleva a la conducta pecaminosa en el versículo 1. Subraya las palabras que la describen:

> Qué alegría para los que no siguen el consejo de malos, ni andan con pecadores, ni se juntan con burlones.

Segundo, nota el contraste con el versículo 2. Subraya las palabras que lo describen:

> Sino que se deleitan en la ley del Señor meditando en ella día y noche.

Tercero, fíjate en la ilustración del árbol en el versículo 3. Subraya las palabras que describen nuestras vidas cuando nos enfocamos en vivir de acuerdo con la voluntad de Dios.

> Son como árboles plantados a la orilla de un río, que siempre dan fruto en su tiempo. Sus hojas nunca se marchitan, y prosperan en todo lo que hacen.

UNA APLICACIÓN PERSONAL

¿Qué metas te gustaría establecer para tu vida con base en estos versículos?

5

Construye una buena reputación

PRINCIPIO PARA VIVIR

Para desarrollar una buena reputación, debes permitir que la Palabra de Dios penetre en tu corazón y cambie tu vida, a medida que te reúnes con otros para estudiarla y tener comunión cristiana.

Piensa en los chicos que conoces en tu barrio, escuela e iglesia, ¿a quién recuerdas cuando piensas en una buena reputación? ¿Qué hay de los que tienen una mala reputación? ¿Por qué? En otras palabras, ¿qué características crean una buena o una mala reputación?

Antes de seguir leyendo, haz una lista de las acciones que crean una buena y una mala reputación.

Acciones que crean una buena reputación	Acciones que crean una mala reputación

INTACHABLE

Cuando Pablo le escribió a Timoteo, le dio una idea general sobre el perfil de madurez para seleccionar líderes espirituales. Esta lista de cualidades del carácter describe cómo es la madurez cristiana (ver 1 Timoteo 3:1-13).

Lo primero es ser "intachable" (1 Timoteo 3:2). Sencillamente, significa tener una buena reputación. No se trata de ser perfecto. Recuerda:

solo hubo un hombre que vivió de forma perfecta en esta tierra y la mayoría sabe quién fue: el Señor Jesucristo.

Fue posible porque era y es "Dios-hombre", lo cual significa que era Dios encarnado cuando vino y caminó en el planeta tierra. Tuvo una vida sin pecado para ser el sacrificio perfecto por nuestras transgresiones. Juan el Bautista llamó a Jesús "el Cordero de Dios que quita el pecado del mundo" (Juan 1:29).

RETROALIMENTACIÓN POSITIVA

Timoteo había desarrollado una buena reputación, incluso antes de ser misionero. Cuando Pablo regresó a la ciudad natal de Timoteo, varios años después de que este joven hubiera creído en Jesucristo, Lucas escribió que "los creyentes de Listra e Iconio *tenían un buen concepto de Timoteo*" (Hechos 16:2).

A partir de esta breve declaración, podemos aprender tres cosas sobre su reputación:

1. Las personas hablaban de este joven de forma muy positiva, "tenían *un buen concepto*" de él (Hechos 16:2c).

2. Había más de una persona que hablaba de su buena reputación. "*Los creyentes*... tenían un buen concepto de Timoteo" (Hechos 16:2a).

3. Las personas lo comentaban en más de un lugar. "Los creyentes de *Listra e Iconio* tenían un buen concepto de Timoteo" (Hechos 16:2b).

Esta es una buena prueba para saber si estamos desarrollando una buena reputación o no: que haya conversaciones positivas sobre nosotros entre varias personas y en varios lugares (en casa y afuera).

¿Qué te gustaría que dijeran las personas al observar tu forma de vida?

"ENSEÑA A HACER LO CORRECTO"

Cuando Timoteo se volvió cristiano, comenzó a crecer espiritualmente. Las mismas "sagradas Escrituras" que había aprendido "desde la niñez" y que le permitieron convertirse en creyente, le ayudaron a imitar la vida de Cristo *después* de ser salvo. Lee cuidadosamente lo que Pablo le escribió en su segunda carta:

> *Toda la Escritura* es inspirada por Dios y es útil para *enseñarnos* lo que es verdad y para hacernos ver lo que está mal en nuestra vida. Nos *corrige* cuando estamos equivocados y nos *enseña* a hacer lo correcto (2 Timoteo 3:16).

Paso 1: Conocer la Palabra de Dios

Hay dos pasos fundamentales que debes dar para crecer espiritualmente. Primero, debes permitir que la Palabra de Dios penetre en tu corazón. El apóstol Pedro escribió que, como cristianos recién nacidos, debemos desear "la leche espiritual" para que crezcamos en nuestra experiencia de salvación (1 Pedro 2:2). Esta "leche espiritual" es la Palabra de Dios. A medida que crecemos en nuestra experiencia cristiana, podemos alimentarnos de lo que Pablo llamó "alimento sólido", al referirse a las verdades más profundas de las Escrituras (1 Corintios 3:2).

¿Hasta qué punto estás aprendiendo las verdades de Dios en la Biblia, no solo con tu cabeza, sino también con tu corazón?

A continuación, te presentamos otro versículo poderoso de las Escrituras para que medites en él:

> Pues la palabra de Dios es viva y poderosa. Es más cortante que cualquier espada de dos filos; penetra entre el alma y el espíritu, entre la articulación y la médula del hueso. Deja al descubierto nuestros pensamientos y deseos más íntimos (Hebreos 4:12).

Paso 2: Tener comunión con otros cristianos

El segundo paso fundamental es estar en comunión con otros creyentes en Cristo. En la primera iglesia en Jerusalén, se dedicaban a la Palabra de Dios, pero también seguían en *comunión* unos con otros (ver Hechos 2:42) y participaban en las vidas de los demás. Por eso, leemos en la carta a los hebreos:

> Pensemos en maneras de motivarnos unos a otros a realizar actos de amor y buenas acciones. Y no dejemos de congregarnos, como lo hacen algunos, sino *animémonos unos a otros*, sobre todo ahora que el día de su regreso se acerca (Hebreos 10:24-25).

¿Hasta qué punto tienes una comunión con otros cristianos que honra a Dios?

PRINCIPIO PARA VIVIR
EL PODER DE LA PALABRA DE DIOS

Para desarrollar una buena reputación, debes permitir que la Palabra de Dios penetre en tu corazón y cambie tu vida, a medida que te reúnes con otros para estudiarla y tener comunión cristiana.

LA PALABRA DE DIOS Y UN BARCO

Imagina que estás en una aventura y navegas en un barco alrededor del mundo. Hay muchos peligros en un viaje así, por lo que debes estar bien preparado para que la jornada sea un éxito y llegues a tu destino sano y salvo. Sin embargo, hay tres cosas que deben funcionar a la perfección, o tu aventura terminará en desastre:

1. Debes tener un excelente sistema de navegación para mantener el rumbo.

2. El casco de tu barco debe estar bien, sin defectos, para soportar las fuerzas de la naturaleza y del océano.

3. Debes tener una tripulación fiel.

Nuestro sistema de navegación

Dios nos ha dado su Palabra como la brújula para nuestra aventura en este mundo porque nos da dirección y nos permite saber si nos estamos desviando del curso o no. Sus verdades reveladas que están escritas en la Biblia nos enseñan cómo vivir. Al seguirlas, somos capaces de evitar los desastres naturales que se presentan. Podemos navegar atravesando o rodeando las tormentas, fijar el rumbo, y llegar sanos y salvos a nuestro destino discerniendo la voluntad del Señor y viviendo para Él.

Un casco fuerte

Al seguir con nuestra ilustración de la navegación, las verdades en la Biblia son "estructuralmente firmes", y se crearon para darnos fuerza.

Toda la verdad bíblica trabaja al unísono para mantener unido el barco. Con base en ésta, la integridad del casco es segura y sólida: puede soportar los elementos que usa el enemigo para golpear los costados, en un intento por romperlo.

La Palabra de Dios está completa y es un conjunto. Nos ayuda a evaluar la variedad de mensajes que oímos del mundo. Cuando oyes algo contrario a lo que la Biblia enseña, de inmediato te enfrentas a la decisión de permanecer fiel al Señor, o debilitar el casco de tu "barco de vida" y aceptar el agua entrante de los mensajes falsos del mundo.

Por ejemplo, quizás uno de tus amigos o un adulto te diga que está bien tener sexo antes del matrimonio si realmente amas a la otra persona. Puedes evaluar esta declaración con base en las Escrituras y ver que no deja ninguna duda sobre su falsedad, pues la relación sexual se diseñó para expresarse entre solo un hombre y solo una mujer para toda la vida. Se hizo para el matrimonio y no se debe experimentar durante el noviazgo o antes de decir "Sí, acepto" (vamos a desarrollar con más detalle esta verdad bíblica en la unidad 7).

Una tripulación fiel

Los barcos no están diseñados para que los navegue una sola persona, sino que se reúne una tripulación para trabajar juntos y apoyarse mutuamente, a fin de llegar a su destino. De la misma forma, Dios no nos creó para vivir por nuestra cuenta, sino que nos dice a lo largo del Nuevo Testamento que debemos reunirnos, animarnos, reprendernos, amarnos y orar unos por otros. Más importante aún, necesitamos mirar a nuestro único Capitán, Jesús, y seguir sus enseñanzas.

UN PROYECTO PRÁCTICO

Repasa el "principio para vivir" de este capítulo. ¿Cómo pueden tú y tus amigos cristianos ponerlo en práctica en cada una de las siguientes áreas para desarrollar una buena reputación?

Ideas y sugerencias para conocer la Palabra de Dios:

___

___

___

___

___

___

___

Ideas y sugerencias para tener comunión cristiana:

6

Refleja la vida de Cristo

PRINCIPIO PARA VIVIR

A fin de ser ejemplo para otros, debes desarrollar cualidades de carácter semejantes a las de Cristo.

Ser como Jesucristo es un proceso que toma toda la vida, especialmente cuando una persona ha vivido fuera de la voluntad de Dios la mayor parte del tiempo. No hay duda de que esto fue lo que experimentaron casi todos los creyentes en Éfeso, ya que habían sido idólatras paganos que adoraban a Diana, diosa de la fertilidad. Según los principios del Señor, carecían de moral y ética, y vivían de forma pecaminosa en muchos aspectos.

El reto de Timoteo era modelar con su vida y enseñarles "la verdad" que "está en Jesús". Debían cambiar su "antigua manera de vivir" y "[ponerse] la nueva naturaleza, creada para ser a la semejanza de Dios, quien es verdaderamente justo y santo" (Efesios 4:22, 24).

Probablemente, les había leído muchas veces este párrafo de la carta a los efesios, durante las reuniones de la iglesia. Sin embargo, cuando recibió su primera carta personal de parte de Pablo (ver 1 Timoteo), entendió mucho mejor lo que significaba vivir como Jesús.

¿Cómo es la vida de este tipo de cristiano? Las cualidades que el apóstol enumeró son la respuesta a la pregunta, no solo para los líderes espirituales, sino para todos los cristianos.

PUREZA MORAL (1 TIMOTEO 3:2B)

Al usar la frase "fiel a su esposa" en este pasaje, podría parecer que esta característica no fuera para Timoteo, ya que era un joven soltero. Sin embargo, una evaluación minuciosa a lo que Pablo quiso decir se aplica tanto a hombres casados, como a los que están planeando casarse o a los solteros que incluso tienen la intención de permanecer así. En esencia, se refería a la pureza moral. Además, no es casualidad que incluyera esta cualidad de madurez inmediatamente después de decir que un cristiano debe ser "intachable", o sea, que debe tener buena reputación.

Esto indica que una de las formas más significativas en la que desarrollamos este tipo de reputación como hombres cristianos (seamos jóvenes o ancianos) es ser puros a nivel sexual.

Desdichadamente, hay muchos hombres jóvenes que tienen mala reputación por sus relaciones con el sexo opuesto. Los conoces, has hablado con ellos, e incluso los habrás oído presumir de sus hazañas sexuales. Por supuesto, esto nunca debe ser parte de la vida de un cristiano. Puesto que Pablo incluyó la "pureza" en su lista cuando retó a Timoteo a "ser un ejemplo" (1 Timoteo 4:12), veremos esta característica con mucho más detenimiento en la unidad 7 de este estudio.

¿Hasta qué punto te estás pareciendo cada vez más a Jesús en tus actitudes y acciones morales?

CONTROL PROPIO (1 TIMOTEO 3:2C)

Pablo usó una ilustración en su carta a los tesalonicenses para ayudarles (y ayudarnos) a entender qué significa tener "control propio". No debemos vivir como las personas que han bebido demasiado, porque no hablan con claridad y son físicamente inestables. Cuando esto ocurre, no tienen control propio, sobriedad ni templanza.

Por eso, Pablo utilizó esta ilustración. Su idea básica no se refería a beber demasiado alcohol, aunque trató este asunto después (nosotros también lo haremos). Más bien, les enseñó que los cristianos deben tener una mente clara y siempre deben estar alerta. No debemos permitir que las cosas de este mundo entorpezcan nuestro pensamiento sobre lo que está bien o mal. ¡Es un reto diario para todos!

¿Hasta qué punto te estás pareciendo cada vez más a Jesús en tu capacidad para pensar con claridad respecto a la voluntad de Dios para tu vida?

SENSATO (1 TIMOTEO 3:2D)

Para ser un hombre (joven o anciano) que alcance la estatura espiritual de Cristo, debes "vivir sabiamente". Una idea que describe esta cualidad es tener una mente sensata o un buen juicio. Quizás la mejor explicación sobre lo que pensaba Pablo se encuentra en la referencia que hace sobre la madurez en su carta a los romanos:

> Basado en el privilegio y la autoridad que Dios me ha dado, le advierto a cada uno de ustedes lo siguiente: *ninguno se crea mejor de lo que realmente es.* Sean *realistas* [con una mente sensata] al evaluarse a ustedes mismos, háganlo según la medida de fe que Dios les haya dado (Romanos 12:3).

¿Hasta qué punto te estás pareciendo cada vez más a Jesús en tu capacidad para vencer la conducta orgullosa?

RESPETABLE (1 TIMOTEO 3:2E)

La frase "buena reputación" es la traducción de *kosmios,* una palabra del Nuevo Testamento que también se relaciona con nuestra palabra "cosmética". Cuando comparamos su pronunciación (una en griego y la otra en español), podemos ver claramente la relación: *kosmios* equivale a *cosmética.*

Esto nos lleva a plantearnos una pregunta muy interesante: ¿cuál es la relación entre "cosmética" y tener *kosmios* o "buena reputación"? Para responderla, detente y piensa para qué están diseñados los cosméticos. Nos hacen ver y oler bien, y lucir atractivos para otras personas. Por lo tanto, *kosmios* equivale a *cosmética,* que equivale a *buena reputación.*

Pablo, pues, estaba diciendo que cuando tenemos "buena reputación" ante otros, nuestra forma de vida es como "cosmético" para el mensaje de la Palabra de Dios, ya que hará que su mensaje sea atractivo para otros porque vivimos con integridad y honestidad.

¿Hasta qué punto te estás pareciendo cada vez más a Jesús al hacer que el mensaje de salvación de Dios sea algo que otros quieran tener en su vida?

NO DADO AL VINO (1 TIMOTEO 3:3A)

El alcoholismo era un problema grave en el mundo romano. Los hombres y las mujeres no solo participaban en una inmoralidad evidente en los templos paganos, sino que "comer" y "beber" también eran parte de sus actividades libertinas, pues se atiborraban de comida que habían ofrecido a ídolos y bebían vino hasta que se emborrachaban.

Las personas adictas al alcohol son muy susceptibles a tomar malas decisiones en todas sus relaciones. En especial, los hombres se vuelven abusivos con sus esposas e hijos. Esto explica por qué Pablo dijo, después de enunciar esta característica, que un hombre maduro en Cristo no debe ser abusivo; en cambio, debe ser "amable" y "no buscar pleitos" (1 Timoteo 3:3).

Tristemente, muchos jóvenes ingieren bebidas alcohólicas con regularidad, hasta el punto de perder el control de sus sentidos e inhibiciones. Esto, a menudo, los lleva a inmoralidad sexual, peleas y accidentes graves, como se ilustra en la mayoría de películas para adolescentes. De hecho, mientras escribíamos este libro, nos enteramos de una tragedia terrible. Un joven conducía bajo los efectos del alcohol, cuando perdió el control y se estrelló contra un árbol. Una adolescente murió, su amigo quedó parapléjico desde la altura del cuello y un tercer pasajero quedó en estado crítico. Aunque el conductor no resultó herido de gravedad, fue acusado de homicidio. ¡Qué suceso tan trágico!

Aunque beber es un problema grave entre los jóvenes en la actualidad, solo es una de tantas drogas que usan y abusan, las cuales llevan a compulsiones que son incluso peores que la adicción al alcohol. De hecho, a menudo generan múltiples adicciones que producen deterioro mental y emocional, y llevan a la muerte.

¿Hasta qué punto te estás pareciendo cada vez más a Jesús en tu capacidad para renunciar a sustancias que entorpecen tu pensamiento y te llevan a hacer cosas que violan la voluntad de Dios?

NO VIOLENTO (1 TIMOTEO 3:3B)

Como mencionamos previamente, el alcohol y otras drogas llevan a la violencia contra otros. Esto ocurría en el mundo del Nuevo Testamento. Por lo tanto, Pablo escribió que un hombre maduro, de cualquier edad, no debía ser "violento".

Desdichadamente, los jóvenes en nuestra sociedad se están convirtiendo en personas cada vez más intimidantes que se confabulan contra otros, y son abusivos a nivel físico y verbal. Muchos hemos visto escenas horribles que incluso han subido a Facebook y a YouTube (como varias chicas que empujan y patean a otra). En un caso, una joven se suicidó debido al horrible abuso verbal que sufría de parte de sus pares. Desdichadamente, los jóvenes se están volviendo cada vez más violentos. Este tipo de conducta también produce tiroteos, y otras formas de violencia y asesinato.

¿Hasta qué punto te estás pareciendo cada vez más a Jesús al tratar a otros con profundo respeto y sinceridad?

AMABLE, NO DEBE BUSCAR PLEITOS (1 TIMOTEO 3:3C)

Ser "amable" y "no buscar pleitos" son dos extremos opuestos de las características relacionadas con ser "violento". Cuando Pablo le escribió a Tito al respecto, dijo que no debían ser "iracundos" (Tito 1:7), lo cual se refiere a la emoción que llamamos "ira", un sentimiento normal porque todos nos enojamos. Sin embargo, no debemos permitir que esta emoción creada por Dios nos haga pecar contra otros. Por esta razón, el apóstol escribió a los efesios:

> Además, *no pequen al dejar que el enojo los controle.* No permitan que el sol se ponga mientras siguen enojados, porque el enojo da lugar al diablo (Efesios 4:26-27).

¿Cuándo se convierte el enojo en pecado? Cuando lastimamos a otros a nivel físico y emocional, nos volvemos vengativos y permitimos que se convierta en amargura. Sin embargo, es una pregunta tan importante que la trataremos después, cuando hablemos sobre ser un ejemplo con nuestras palabras.

¿Hasta qué punto te estás pareciendo cada vez más a Jesús en tu capacidad para controlar tu enojo?

NO AVARICIOSO (1 TIMOTEO 3:3D)

Aquí, Pablo usó una palabra griega que se traduce como "no avaro". En otras palabras, no debemos amar el dinero.

Entiende que no está diciendo que sea malo tenerlo, como aclara al final de su carta a Timoteo, cuando escribe: "Pues *el amor al dinero* es la raíz de toda clase de mal" (1 Timoteo 6:10a).

¿Hasta qué punto te estás pareciendo cada vez más a Jesús en tu capacidad para ser generoso con tus bendiciones materiales?

Desdichadamente, las personas que tienen mucho dinero, a menudo lo *aman* y permiten que su amor por las posesiones materiales se anteponga a su amor por Dios. Sin embargo, esto no tiene que ocurrir si aprendemos a ser generosos y a usar el dinero para servirle a Dios y ayudar a otros.

PRINCIPIO PARA VIVIR
CUALIDADES CRISTIANAS

A fin de ser ejemplo para otros, debes desarrollar cualidades de carácter semejantes a las de Cristo.

PRACTICA LO QUE PREDICAS... EJERCITA TU SALVACIÓN

¡Vaya, esta lista es un reto! ¿No desearías que Pablo hubiera dejado algo fuera? Desarrollar algunas de estas cualidades implica mucho esfuerzo... ¡ni hablar de ejercitarlas todas, y al mismo tiempo!

Sin embargo, este principio que se basa en la lista de cualidades de Pablo nos da la oportunidad de examinar nuestro carácter con más detenimiento. ¿Qué te muestra Dios sobre tu corazón? ¿Qué características negativas quiere que cambies? ¿Qué cualidades del carácter quiere que practiques más?

UNA TAREA PRÁCTICA

Para ayudarte a responder estas preguntas, lee con cuidado la siguiente lista:

- ❑ Pureza moral
- ❑ Control propio
- ❑ Sensatez
- ❑ Respetabilidad
- ❑ No adicto
- ❑ No violento
- ❑ Amable, no busca pleitos
- ❑ No avaricioso

Primero, marca las cualidades en las que te sientes bien. Luego, da gracias a Dios porque te ha ayudado a desarrollarlas.

Segundo, marca al menos una cualidad en la que te gustaría mejorar.

Tercero, pídele que te dé fuerza, convicción y compromiso para hacer los cambios necesarios con el fin de reflejar esa cualidad específica en tu vida.

Cuarto, comparte esta meta como una petición de oración con un amigo cercano y de confianza o con tu mentor, y pídele que ore por ti y que te ayude al revisar tu progreso.

PROFUNDIZAR

Mi papá, Gene Getz, escribió un libro titulado *La medida del líder* que te recomiendo porque se basa en este perfil de madurez que se presenta en 1 Timoteo 3 y Tito 1. Dios ha usado este texto en gran manera en las vidas de hombres de todo el mundo y se ha traducido a muchos idiomas porque es un perfil *bíblico*. Personalmente, estudié este libro con un grupo de hombres jóvenes y nos ayudó a ser más como Jesucristo, ¡sé que te ayudará a ti también!

UNIDAD 3

Cuida tus palabras

No permitas que nadie te subestime por ser joven. Sé un ejemplo para todos los creyentes en lo que dices...
1 TIMOTEO 4:12

Las palabras son uno de los mejores regalos que Dios nos dio. De hecho, han sido su medio para comunicar su voluntad a todos los seres humanos. ¡Tenemos sus *palabras* en los 66 libros de la Biblia! No debería sorprendernos que Pablo animara a Timoteo a ser ejemplo en su manera de hablarles a las personas.

Lo que vas a leer en los tres capítulos siguientes lo escribimos para ayudarte a ser ejemplo en lo que dices. También, descubrirás tres principios dinámicos para vivir.

7

Comunica a la manera de Dios

PRINCIPIO PARA VIVIR

A fin de ser ejemplo en tu conversación, debes aprender a responderles a las personas polémicas de forma piadosa y madura, sabiendo que siempre debes ser enseñable.

Un domingo por la tarde, recibí [Gene] una llamada telefónica. El joven con quien hablaba estaba enojado y ¡me atacó verbalmente! Francamente, tuve que morderme la lengua, pues quería responderle con el mismo grado de intensidad. En situaciones como ésta, casi siempre nos enojamos y nos ponemos a la defensiva. ¿Te ha ocurrido alguna vez?

Afortunadamente, el Espíritu Santo me ayudó a recordar las palabras de Pablo a Timoteo sobre ser amables y suaves en nuestra comunicación. Con su ayuda, me dije que lo escuchara y tratara de entender por qué estaba tan enojado. Para ser sincero, tuve que obligarme a hacerlo sin interrumpirlo. Después de varios minutos, hizo una pausa y le dije con calma:

—Es evidente que estás muy molesto.

—¡Lo estoy! —respondió al instante.

—Debemos vernos y hablar —le sugerí.

En ese instante, bajó su voz y accedió a que nos encontráramos al día siguiente, lo cual nos dio 24 horas para meditar en lo sucedido. El tiempo *nos da* perspectiva.

Cuando nos reunimos, tenía una actitud completamente distinta y lo que me expresó también fue muy diferente. Me dijo que había tenido unas situaciones muy difíciles en los últimos días, lo cual lo llevó a explotar conmigo: perdió su empleo, tuvo un desacuerdo serio con su esposa, no aprobó un examen en la escuela, entre otras experiencias traumáticas. Me compadecí de sus problemas, pero le recordé que habría sido mucho más fácil para los dos si me hubiera contado todo esto cuando me llamó.

En lugar de hablar, comenzó a escucharme. Finalmente, respondió y me agradeció con lágrimas en sus ojos por "amarlo tanto" como para confrontarlo con su problema. ¡Esas fueron sus palabras!

En aquel momento, entendí con más claridad el mensaje de Pablo a Timoteo. Debido a mi respuesta amable, sensible y a la vez firme, tuve la "capacidad de enseñarle" a ese joven la verdad sobre sus propios motivos. Si hubiera respondido con enojo el día anterior, probablemente habríamos tenido una discusión y habría desperdiciado una oportunidad maravillosa.

"CAPACIDAD DE ENSEÑAR"

La capacidad de enseñar es una de las cualidades de carácter que Pablo enumeró en el perfil de madurez, en su primera carta a Timoteo (1 Timoteo 3:2g). Lo hemos incluido aquí porque normalmente usamos palabras para comunicarnos unos con otros.

Timoteo enfrentó varios retos serios en Éfeso. En algunos casos, pudieron haberse convertido en guerras verbales, ya que había hombres arrogantes que usaban palabras para crear "controversias y discusiones". Como resultado, se producían "celos, divisiones, calumnias y malas sospechas. Individuos como éstos siempre causan problemas. Tienen la mente corrompida y le han dado la espalda a la verdad" (1 Timoteo 6:4-5).

No estés a la defensiva

En la segunda carta de Pablo a Timoteo, Pablo explicó de forma específica cómo responderles a quienes simplemente quieren discutir. Debemos usar palabras sin ponernos a la defensiva; más bien, debemos ser sensibles, con la esperanza de poder enseñarles las verdades de Dios a esos hombres (sean jóvenes o mayores) que se oponen al mensaje de Dios. Por eso, Pablo escribió:

> Un siervo del Señor no debe andar peleando, sino que debe ser bondadoso con todos, *capaz de enseñar* y paciente con las personas difíciles. Instruye con ternura a los que se oponen a la verdad. Tal vez Dios les cambie el corazón, y aprendan la verdad (2 Timoteo 2:24-25).

Este es un pasaje muy poderoso de las Escrituras que demuestra cómo ser un *buen ejemplo* en la forma de hablar, especialmente entre quienes no están de acuerdo con el mensaje de la Biblia. En esencia, el apóstol estaba diciendo: "No discutas, sino responde de forma amable, paciente y sensible". Por supuesto, es más fácil decirlo que hacerlo, pero es posible con la ayuda de Dios.

Evita discusiones

Vuelve a leer lo que escribió Pablo y fíjate en varias palabras que describen cómo ser "capaz de enseñar" a quienes se oponen a la verdad:

> Un siervo del Señor *no debe andar peleando*, sino que debe ser *bondadoso con todos*, capaz de enseñar y *paciente* con las personas difíciles. Instruye *con ternura* a los que se oponen a la verdad (2 Timoteo 2:24-25a).

Cuando alguien no está de acuerdo contigo y tiene ganas de discutir, tu tendencia natural es responderle del mismo modo. Pablo dijo que eso causará una pelea y entonces se romperá la comunicación porque no se van a escuchar. Básicamente, le estaba diciendo a Timoteo que ser pendenciero no es un buen ejemplo de habla.

¿Cuándo fue la última vez que tuviste una discusión fuerte? ¿Por qué sucedió?

Sé perceptivo

¿Cómo puedes evitar discusiones, particularmente cuando hablas con alguien que está enojado? La forma en que percibes y entiendes lo que ocurre en esas situaciones difíciles es fundamental para responder con paciencia. Observa los siguientes proverbios:

> El que tarda en airarse es *grande de entendimiento*; mas el que es impaciente de espíritu enaltece la necedad (Proverbios 14:29, RVR-60).

> El verdadero sabio emplea pocas palabras; la persona *con entendimiento* es serena (Proverbios 17:27).

Estos versículos nos enseñan que cuando las personas quieren discutir con nosotros, debemos pedirle a Dios que nos ayude a entender *por qué* son tan intensas a nivel emocional y cuáles son sus motivos. Si puedes ver la situación desde su punto de vista, podrás ser paciente y amable con tus respuestas, aunque no estés de acuerdo. Gracias al Espíritu Santo, pude hacerlo cuando el joven me llamó y comenzó a gritarme.

UN CONDUCTOR ENOJADO

Este es otro proverbio estupendo: "La respuesta apacible desvía el enojo, pero las palabras ásperas encienden los ánimos" (Proverbios 15:1).

Una mañana, experimenté el verdadero significado de este proverbio y evité una confrontación seria que pudo haber sido muy peligrosa. Yo era el conferencista invitado a un seminario muy conocido y conducía un auto que pertenecía a dicha institución de aprendizaje superior. El auto tenía un logo de la escuela en la parte lateral.

Ese día, salí del hotel para dirigirme al campus y conduje por la zona de estacionamiento. Sin embargo, no estaba seguro de dónde terminaba esa área y dónde comenzaba la carretera. En mi ignorancia, me crucé delante de otro auto que pasaba.

Aún recuerdo la mirada de enojo intensa en el rostro del otro conductor cuando pisó el freno con violencia, giró el volante bruscamente e hizo un giro de 180° a propósito para llegar hacia mí. Después, salió de su vehículo y se me acercó, obviamente muy enojado.

Sabía que me había metido en problemas. Sin embargo, reconocí de inmediato que había cometido un error, lo cual se notaba en mi cara. Con precaución, bajé la ventanilla y me disculpé rápidamente. Le expliqué que era nuevo en la ciudad y que no sabía que me había metido en la carretera. Mis palabras suaves, junto con mi rostro sincero, pero disgustado, desarmaron a ese hombre enojado. Afortunadamente, agachó su cabeza, se disculpó por su enojo, regresó a su vehículo y se fue.

En retrospectiva, creo que entiendo mejor la situación. Él vio el logo del auto, concluyó que yo era del seminario y, probablemente, tendría enojo acumulado a causa de alguna conversación o acontecimiento. Quizás, simplemente se resistía al mensaje de Cristo, así que solo desperté su rabia adormecida. Sin embargo, mi respuesta amable y tranquila disipó su hostilidad, lo cual demostró que obedecer la Palabra de Dios fue lo correcto. Mi "respuesta apacible" había "desviado el enojo". Si hubiera usado palabras violentas, solo habría conseguido provocarlo y quién sabe qué habría sucedido.

¿Cuándo fue la última vez que fuiste capaz de desviar el enojo de alguien al darle una "respuesta apacible"?

PRINCIPIO PARA VIVIR
CAPAZ DE ENSEÑAR

A fin de ser ejemplo en tu conversación, debes aprender a responderles a las personas polémicas de forma piadosa y madura, sabiendo que siempre debes ser enseñable.

Cuando estaba en la secundaria, me acuerdo (Kenton) que le pregunté a papá si pensaba que Pablo tenía alguna razón para haber enumerado las cualidades del carácter de 1 Timoteo 4:12 en el orden en que estaban. Para ser sincero, no me acuerdo con detalle qué me dijo. Sin embargo, medito en esta pregunta de vez en cuando e intento descubrir por qué las palabras "palabra, conducta, amor, espíritu, fe y pureza" (RVR-60), están en este orden. Quizá soy culpable de espiritualizarlo demasiado, pero estoy convencido de que Dios inspiró las palabras de la Biblia y que es posible que el Espíritu Santo, en su manera misteriosa, dirigiera al apóstol a escribir estas cualidades del carácter en ese orden.

Me ha ocurrido algo en particular al luchar con la aplicación de este versículo en mi vida y con los principios que surgen de nuestro estudio de 1 Timoteo 4:12. Todas las relaciones humanas comienzan de forma natural y normal gracias a la comunicación. La manera en que nos tratamos con las palabras determina el alcance y la profundidad de las relaciones. En otras palabras, la forma en que controlamos nuestro vocabulario refleja la actitud de nuestros corazones y de nuestra madurez en Cristo. A la larga, lo que pensamos y creemos en nuestras almas sale por nuestras bocas. A esto se refería Jesús cuando expresó: "Pero las palabras que ustedes dicen provienen del corazón; eso es lo que los contamina" (Mateo 15:18).

Si sabes que vas a mantener una conversación que será difícil, ¿cómo puedes enfocarla de forma piadosa y madura?

Dios en su sabiduría usó a Pablo para enseñarle a Timoteo cómo ser un ejemplo para los creyentes en *palabra*. Pragmáticamente, es la única manera de empezar, porque Él sabe que si en verdad queremos vivir de forma atractiva para otros, nuestro lenguaje y nuestras acciones deben ser coherentes. Si afirmamos ser cristianos y no tratamos bien a las personas con nuestras palabras, nos convertimos en piedras de tropiezo para ellos y para nosotros mismos.

ALGUNAS PREGUNTAS PRÁCTICAS

¿Y qué de ti? ¿Puedes recordar conversaciones que pudieron ser distintas si hubieras dado una respuesta más sensible, amable y humilde? Qué tal las conversaciones con:

- ¿Tus compañeros de clase?
- ¿Tus padres?
- ¿Un buen amigo cristiano?
- ¿Un amigo que no es creyente?

UNAS PALABRAS DE ÁNIMO

No te desanimes si no tienes una respuesta positiva en una conversación difícil. Sigue intentando desarrollar esta habilidad espiritual con la ayuda del Espíritu Santo y recuerda: algunas personas van a responder de forma negativa y polémica, sin importar cuánto te esfuerces. Evita discutir con esas personas al tener una actitud sencilla y tranquila. Sin embargo, procura no dar una apariencia de "súper espiritual". Si no entiendes qué significa eso, pídele a un cristiano maduro, al que ames y en el que confíes, que te lo explique.

8

Evita el lenguaje grosero

PRINCIPIO PARA VIVIR

A fin de ser un ejemplo en tu conversación, no debes usar un lenguaje grosero.

Al terminar la secundaria, mi hijo Kenton tenía el deseo de cumplir un sueño en el que había pensado durante varios años: se preguntaba qué tan buen esquiador de descenso en el nivel de competencia sería. Incluso de niño y aunque era texano, se había destacado como esquiador excepcional en las montañas de Colorado. De hecho, algunos de sus instructores notaron sus habilidades naturales cuando era preadolescente y lo animaron a seguir desarrollándolas. Ver las Olimpiadas de Invierno solo lo motivó aun más a cumplir su sueño.

Como tuvo la oportunidad de hacerlo cuando estudiaba en la Universidad Baylor, se unió al equipo de carreras del condado de Summit (Colorado) y compitió durante sus semestres de invierno. Le fue bastante bien, ¡tomó curvas en los descensos con velocidades que sobrepasaban la mayoría de los límites de velocidad de las grandes autopistas!

Ser parte de un equipo de competición también le dio la oportunidad de estar "en el mundo" sin ser "del mundo". Normalmente, los esquiadores son una raza aparte, en cuanto a actividades mundanas. Recuerdo una experiencia que me contó. Se había esforzado por hacer sus rutinas de entrenamiento al subir una y otra vez hasta la cima de la montaña en los telesquíes, en todo tipo de condiciones atmosféricas, para bajar y atravesar las entradas en algunas cuestas muy difíciles. Uno de los jóvenes que subía con él, le preguntó por qué no decía malas palabras como los demás. Me sentí orgulloso de su respuesta. Simplemente le dijo:

—No necesito usar ese tipo de lenguaje.

—¿Por qué no? —le preguntó su compañero de equipo, un tanto sorprendido—. ¿Cómo es que no lo haces cuando todo el mundo lo hace?

—Simplemente no lo hago —respondió.

Básicamente, Kenton estaba diciendo que no tenía que usar un lenguaje grosero para probarles a otros (y a sí mismo) que debía ser como los demás para mostrar su valía. Quizás mi interpretación está condicionada, ya que es mi hijo; pero mientras lo veía crecer, su identidad no estuvo en el esquí ni en ser grosero, sino en ser un cristiano que podía ser tan bueno como los demás en las laderas de Colorado. Su identidad principal estaba en su relación con Jesucristo. Al ser un ejemplo en su manera de hablar, les estaba comunicando ese mensaje a sus amigos que no eran salvos.

TU MUNDO

Hoy, vives en un mundo donde se usa un lenguaje grosero por todas partes: en conversaciones informales, en las esquinas de las calles, en gimnasios locales y en el patio de la escuela. Oyes este lenguaje en películas, radio, Internet y prácticamente en todas partes.

¿Cuándo fue la última vez que tuviste la tentación de usar mal lenguaje? ¿Por qué?

Tristemente, muchos niños crecen oyendo un mal lenguaje, y luego imitan las palabras de los adultos que los rodean. Cuando llegan a la adolescencia, a menudo tienen su boca sucia y no les importa quién los oiga. Por ejemplo, me acuerdo que un día llevé a mis hijos a un partido de baloncesto en una escuela local. A poca distancia, había varios chicos adolescentes que usaban un lenguaje obsceno. Sabían que estábamos allí y no les importó. Francamente, yo estaba muy molesto porque no quería que mis hijos estuvieran expuestos a ese tipo de lenguaje, pero nunca olvidaré la respuesta de Kenton, quien tenía unos ocho años. Rápidamente, me recordó que oía ese tipo de lenguaje con frecuencia, incluso en la escuela primaria. ¡Es triste, pero cierto!

EL MUNDO DE TIMOTEO

Desdichadamente, este tipo de comportamiento no es nuevo. El apóstol Pablo trató este asunto de forma muy directa en su carta a los efesios, a quienes Timoteo debía ayudar a nivel espiritual. Les dijo:

> *No empleen un lenguaje grosero ni ofensivo.* Que todo lo que digan sea bueno y útil, a fin de que sus palabras resulten de estímulo para quienes las oigan. No entristezcan al Espíritu Santo de Dios con la forma en que viven. Recuerden que él los identificó como suyos, y así les ha garantizado que serán salvos el día de

> la redención. Líbrense de toda *amargura, furia, enojo, palabras ásperas, calumnias* y toda clase de mala conducta (Efesios 4:29-31).

No es accidental que les escribiera estas palabras poco después de tratar el tema de la ira (ver Efesios 4:26-27). Aunque muchas personas usan malas palabras en conversaciones informales, con frecuencia, su lenguaje se salpica de palabras groseras cuando se enojan, incluso usan el nombre del Señor en vano, lo cual es una violación directa del tercer mandamiento. Cuando dio a voces sus leyes desde el Monte Sinaí, dijo:

> No hagas mal uso del nombre del Señor tu Dios. El Señor no te dejará sin castigo si usas mal su nombre (Éxodo 20:7).

Como joven, Timoteo debía ser "ejemplo para todos los creyentes en lo que decía". Aunque las personas a su alrededor usaran un mal vocabulario, él nunca debía ser culpable de ese pecado.

UNA MÁSCARA PARA LA INSEGURIDAD

Un domingo por la mañana, mientras iba de camino a la iglesia, me detuve (Gene) en una pequeña tienda de dónuts. Estaba disfrutando de un rollo de canela sabroso y recién horneado, cuando de repente me sacudió una descarga de lenguaje grosero. Miré y vi a un oficial de policía que hablaba con algunos amigos. Para mi sorpresa, su lenguaje era atroz. Aunque acababa de terminar su servicio, aún llevaba puesto el uniforme.

Cuando se marchó y se subió a su auto, comencé a reflexionar en lo que había ocurrido y por qué. Allí había un oficial de la ley que vestía uniforme e insignia y se distinguía como un ciudadano especial con la autoridad para castigar a las personas que infringen las leyes de nuestra sociedad. Llevaba una pistola y un garrote en su cinturón, lo cual le daba autoridad para hacer cumplir la ley, y a pesar de todos esos símbolos externos de prestigio y poder, estaba allí soltando palabrotas.

¿Qué intenta demostrar este oficial? —me preguntaba—. *Es triste* —reflexioné— *que incluso hombres adultos usen un lenguaje grosero para intentar aparentar y dar la impresión de ser alguien.*

Esta historia ilustra por qué algunos jóvenes también usan un mal lenguaje. A menudo, tratan de mostrarles su valor a sus amigos, así como a veces, lo hacen los adultos. No se dan cuenta de que gran parte de lo que dicen es simplemente una máscara para cubrir sus sentimientos de inseguridad e inferioridad. Desean tanto ser aceptados por "el grupo" que recurren a este tipo de lenguaje para intentar lograrlo. En particular, los jóvenes aparentan ser duros y machos para impresionar a sus pares. Desdichadamente, cada vez más mujeres tratan de llamar la atención de la misma forma.

Estoy seguro de que has visto a algunos de tus amigos cristianos caer en esta trampa. Algunos tienen tanto miedo a ser rechazados que hacen lo que sea para ser como sus amigos mundanos con el fin de ser aceptados socialmente. Lamentablemente, a veces ceden en sus propias convicciones interiores y "hablan" como sus amigos no cristianos. No se dan cuenta de que, al final, pierden el respeto, incluso de sí mismos, en lugar de conseguir lo que esperaban. Ciertamente, esto ofende a nuestro bendito Salvador (quien dio su vida para pagar por nuestros pecados), especialmente cuando usas su santo nombre en vano.

LLAMAR LA ATENCIÓN

Algunos jóvenes usan lenguaje grosero solo para llamar la atención, lo cual está muy relacionado con tener sentimientos de inseguridad e inferioridad. Sin embargo, es diferente porque las personas que quieren atención no solo se sienten inseguras, sino que a veces son orgullosas y arrogantes. Quieren que los demás los miren. Quieren ser el centro de atención y qué mejor manera (según su razonamiento) que usar malas palabras. Irónicamente, eso les da un sentido de poder y control, pero en realidad, a menudo pierden el respeto de otros, incluso el de sus pares.

Si sientes la tentación de usar lenguaje grosero, ¿por qué crees que ocurre?

PRINCIPIO PARA VIVIR
LENGUAJE LIMPIO

A fin de ser un ejemplo en tu conversación, no debes usar un lenguaje grosero.

Cuando tenía entre 14 y 15 años (Kenton), tuve la oportunidad de pasar dos veranos en viajes misioneros en otros países. Viví un verano en Suecia y el siguiente, en Suiza. Lo sé, lo sé, ¡fueron viajes misioneros y veranos muy duros!

En serio, gran parte del primero dormí en una vieja carpa prestada; en el siguiente, tuvimos nuestras propias camas en dormitorios. En ambos viajes, hicimos trabajos de construcción para ministerios locales.

Por cierto, déjame animarte a que pienses en hacer un viaje misionero, pues Dios usa esas experiencias para que sirvas a las personas y, al mismo tiempo, obra en tu corazón y en tu vida. Habla con los líderes de tu iglesia sobre esta oportunidad, y si no asistes a una iglesia donde se enseñe la Biblia, me gustaría animarte a que busques una y te relaciones con otros creyentes. Luego, haz algún viaje misionero con tus nuevos amigos. ¡Te alegrarás de hacerlo! Causará un efecto positivo en ti para el resto de tu vida porque verás las necesidades de personas en todo el mundo de forma distinta a como las veías antes.

MEMORIZAR LAS ESCRITURAS

De acuerdo, volvamos a lo que quería decir. Cuando estaba en mis viajes misioneros, me pedían que memorizara las Escrituras. Me gustaría decir que fue un gran gozo, pero al tener 14 o 15 años, era más una tarea y algo que debía hacer. Sin embargo, los versículos que memoricé en esos viajes están grabados en mi corazón. No sé cuántas veces Dios ha traído alguno a mi mente para ayudarme a depender de Él y a crecer en mi fe.

En este momento, al meditar en el principio de este capítulo sobre ser un ejemplo con nuestra forma de hablar, viene un versículo a mi mente. Verás, el Espíritu Santo aún usa los versículos que memoricé en uno de mis viajes misioneros:

> Así que humíllense delante de Dios. Resistan al diablo, y él huirá de ustedes. Acérquense a Dios, y Dios se acercará a ustedes. Lávense las manos, pecadores; purifiquen su corazón, porque su lealtad está dividida entre Dios y el mundo (Santiago 4:7-8).

Cuando leemos estos versículos con cuidado, obtenemos una nueva perspectiva de nuestros corazones y nuestras acciones. Santiago nos dice que nos "humillemos" ante Dios. Al hacerlo, ponemos *nuestros* deseos, pensamientos y acciones en una posición secundaria a *su* voluntad. Cuando nos humillamos (y es difícil hacerlo), Satanás tiene que huir, pues no puede posicionarse sobre nosotros ni llevarnos por un camino que nos aleje del Señor.

Sin embargo, observa qué más sucede cuando nos humillamos ante el Señor. No solo el enemigo tiene que huir, sino que nuestro Padre también se acerca a nosotros. No nos abandona, sino que nos ayuda a tomar decisiones que lo glorifiquen y produzcan paz en nuestras vidas.

Cada día puedes tomar decisiones que te acerquen más o te alejen de Él. Si pones tu cerebro en piloto automático, por lo general, ¡terminarás sirviéndote a ti mismo y harás cosas que *quizás no* quieras hacer!

COMIENZA EL DÍA CON DIOS

Entrénate para despertar cada mañana y hacer una oración de agradecimiento. Con el trascurrir del día, mantén tu mente y tus ojos en el Señor. Recuerda siempre que debes tomar la decisión consciente de depender del Espíritu Santo para que te fortalezca y te guíe. Sé que si no doy estos pasos, las exigencias de mi agenda y de mis relaciones me apartarán de mantener mi relación con Él.

¿Tienes problemas con el lenguaje grosero? ¡Examina tu corazón! ¿Qué te dice Dios? ¿Qué palabras salen de tu boca cuando estás con tus amigos en la escuela, en el centro comercial o en el trabajo? ¿Qué dirían tus amigos de tu forma de hablar si leyeran este capítulo?

¿Estás dispuesto a revisar esta área de tu vida? En el capítulo siete, viste cómo tu forma de hablar es un reflejo de tu corazón. Ahora, tienes la oportunidad de comenzar a entrenar tu corazón y causar impacto con tu forma de hablar.

UN PROYECTO FINAL

Miremos las Escrituras para aprender qué dice Dios sobre nuestra forma de hablar. Lee Santiago 3:1-12:

- ¿Qué dice este pasaje sobre tu lengua?
- ¿Qué tan importante es que controles tu forma de hablar?
- ¿Cuál suele ser el resultado si no controlas tu lengua?
- ¿Te acuerdas de alguna ocasión en que prendiste "fuego" con tu lengua?
- ¿Cómo pudiste haber manejado la situación de otra manera?
- ¿Necesitas acudir a alguien y pedirle perdón por haberlo herido con tu forma de hablar?

UNA ORACIÓN ESPECÍFICA

Quisiéramos animarte a memorizar la oración de David en el Salmo 19:14:

> Que las palabras de mi boca y la meditación de mi corazón sean de tu agrado, oh Señor, mi roca y mi redentor.

También, nos gustaría animarte a hacer la oración de David en estas situaciones:

- Cuando te despiertes cada mañana.

- Antes de entrar al vestuario.
- Mientras juegas fútbol americano, baloncesto, béisbol o fútbol.
- Cuando vayas a estar con tus amigos en un ambiente social.
- Cuando sientas la tentación de usar un lenguaje grosero.

Si haces esta oración, descubrirás que Él te ayudará a ser un ejemplo en tu forma de hablar.

UNA ÚLTIMA PREGUNTA

¿En qué otras situaciones necesitas hacer la oración de David?

9

Anímense unos a otros

PRINCIPIO PARA VIVIR

A fin de ser ejemplo en tu conversación, debes buscar oportunidades naturales para usar palabras que animen a otros.

Aunque yo (Gene) tenía solo seis años y estaba en primero de primaria, recuerdo una experiencia como si hubiera ocurrido ayer. Mi maestra, la señorita Olive Owens, se acercó a la pizarra y escribió la palabra "yo" en letras cursivas muy bonitas. Todos la entendíamos, ya que habíamos aprendido a decir "¡Yo! ¡Yo!" desde que comenzamos a hablar, pero casi ninguno había visto ese tipo de escritura. Estoy seguro de que te parece raro, pero no teníamos escuela de pre-escolar en esos tiempos ni programas de televisión para niños o esos cuentos maravillosos que les enseñan a leer en cuanto empiezan a hablar.

Después de escribir "yo" en la pizarra, la señorita nos pidió que sacáramos nuestros lápices y copiáramos la palabra. Recuerdo con detalle cómo miré lo que había escrito y cuando traté de escribirlo en mi cuaderno amarillo, entonces comencé a frustrarme porque no lo había hecho nunca. Por mucho que lo intentaba, no lograba que mi lápiz me ayudara.

¡Entonces sucedió! La maestra comenzó a observar el trabajo de cada niño desde la primera fila de pupitres. Cuanto más se acercaba a mí, más nervioso me ponía. Observé que cuando miraba el trabajo de los demás, les daba unos golpecitos en la cabeza para hacerles saber que estaba satisfecha, pero, ¿qué pensaría de mí y de mis penosos esfuerzos?

Pronto lo descubrí. Se detuvo junto a mi pupitre y miró lo que había *tratado de* escribir. ¡Era un garabato! Yo temblaba de miedo. ¿Qué me diría la maestra?

En ese momento, rompí en llanto, pero ¡nunca olvidaré la respuesta de la señorita Owens! Ella percibió de inmediato que me sentía asustado, temeroso y avergonzado, así que se inclinó hacia mí y me susurró al oído, para que nadie más oyera: "Está bien, Gene". Después, selló sus palabras con un beso en mi mejilla. Podrás imaginarte el alivio emocional que sentí, por lo que pude dejar de llorar y volver a intentarlo.

Detente a pensar por un momento en lo que habría sucedido si me hubiera regañado o si se hubiera burlado de mí. ¿Qué habría pasado si hubiera dicho delante de los otros niños: "Gene, los niños grandes no lloran"? No hace falta decir que mi vergüenza habría sido mucho mayor, algo que ya sentía.

El final de la historia demuestra el efecto que esas palabras amables y alentadoras tuvieron en mí cuando tenía seis años. Tiempo después, cuando estaba en la universidad, mi madre me escribió para contarme que la señorita Owens había muerto de cáncer. En ese momento, me sucedió algo que demuestra el efecto que la mente puede tener sobre el cuerpo. Aunque fue momentáneo, mi dolor por ella fue tan intenso que sentí un dolor físico en el pecho. Mis emociones se conectaron con ese momento único en que se inclinó y me dijo en voz baja: "Está bien, Gene" y me dio un beso en la mejilla.

Qué poderosas pueden ser las palabras, ¡para bien o para mal! Cuando Pablo les escribió a los tesalonicenses, les exhortó: "Anímense unos a otros con... palabras" (1 Tesalonicenses 4:18). El apóstol se estaba refiriendo a las mismas que acababa de escribir respecto a nuestra esperanza en Cristo, sea que vivamos o muramos. Sin embargo, su exhortación se aplica también a nuestras palabras en general y a la forma en que las usamos. Hay varios proverbios poderosos que demuestran que podemos usarlas para animarnos. Veamos tres de ellos.

EL PODER DE LAS PALABRAS BUENAS

Primer proverbio: "La preocupación agobia a la persona; una *palabra de aliento* la anima" (Proverbios 12:25).

Todos hemos experimentado el tipo de ansiedad a la que se refiere este proverbio: ese sentimiento pesado que viene cuando estamos muy preocupados por algo. Por ejemplo, nos sentimos decepcionados porque sentimos que no dimos lo mejor en un acontecimiento atlético, en un partido de baloncesto, de béisbol o en cualquier otro deporte. Sentimos que le fallamos al equipo. ¿Te ha pasado alguna vez?

Sobrevivir a una experiencia aplastante

Recuerdo que estaba en un partido de fútbol americano de la secundaria (la escuela cristiana a donde van algunos de mis nietos había llegado a las finales estatales). Estábamos en los últimos segundos, acabábamos de anotar y estábamos a un punto de empatar, lo cual nos habría dado tiempo adicional. Nuestro defensa estaba en buena posición para sujetarle el balón al pateador, quien no acostumbraba fallar y todos conteníamos la respiración desde las gradas. Era una buena posición para golpear, ¡pero quien debía colocar el balón, lo dejó caer! ¡Perdimos el partido por un punto!

Nunca olvidaré la escena: el joven al que se le cayó el balón se tumbó al suelo boca abajo, donde permaneció cinco minutos mientras la hinchada rival estallaba de alegría. Finalmente, uno de nuestros entrenadores le ayudó a levantarse. Qué triste final para una oportunidad de ganar un campeonato estatal y qué desafortunado que un jugador se sintiera responsable de la derrota.

Sin embargo, hay un final alentador. El defensa de los Dallas Cowboys se enteró de lo que había ocurrido y llamó personalmente a ese joven para animarlo ¡Qué diferencia marcó en su vida! Se dice que todo el campus se enteró de aquella alentadora llamada telefónica (y podrás imaginar quién se lo contó a sus compañeros de clase). Sí, ¡es cierto!: "La preocupación agobia a la persona; una palabra de aliento la anima" (Proverbios 12:25).

Otras razones para sentirse ansioso

Hay muchas otras razones que producen ansiedad: herir los sentimientos de alguien, por lo que se nos rechaza e ignora; tener bajas notas en un examen en la escuela; confiar en alguien que nos traiciona; o vivir una situación muy grave: la enfermedad de un familiar o incluso, la muerte de un amigo cercano o de un ser querido.

Sí, hay muchas razones para tener un corazón apesadumbrado. Recuerdo (Gene) una experiencia en la que me sentí horriblemente confundido. Literalmente, podía sentir el peso en mi pecho. Por supuesto, mi corazón físico no aumentó de tamaño, pero mis sentimientos de dolor y ansiedad eran tan reales que sentía una pesadez en esa zona de mi cuerpo.

¿Puedes recordar alguna ocasión en la que alguien te ayudó a superar la ansiedad al darte una "palabra de ánimo"?

Por esta razón, los escritores de la Biblia usan frecuentemente al corazón como el punto central de las emociones, sean positivas o negativas. David escribió en un salmo: "Mas yo en tu misericordia he confiado; *mi corazón se alegrará* en tu salvación" (Salmos 13:5, RVR-60). También escribió cuando estuvo muy angustiado en otra ocasión: "Estoy agotado y totalmente destrozado; mis gemidos salen de un *corazón angustiado*" (Salmos 38:8).

Ayudar a un corazón apesadumbrado

En Proverbios 12:25, Salomón habló sobre los efectos de un corazón apesadumbrado, pero también dijo cómo pueden desaparecer la ansiedad y la pesadez: "una palabra de ánimo" puede animarnos, lo cual demuestra el poder de las palabras.

EL PODER DE LAS PALABRAS AMABLES

Segundo proverbio: "Las palabras amables son como la miel: dulces al alma y saludables para el cuerpo" (Proverbios 16:24).

Como seres humanos, somos criaturas bidimensionales: tenemos alma/espíritu y cuerpo. En el proverbio que acabas de leer, Salomón se refirió al "corazón", el cual es sinónimo de "alma" o "espíritu". Sin embargo, este texto también incluye al "cuerpo". En otras palabras, somos seres *psicológicos* y *físicos*, y las dos dimensiones están tan interrelacionadas que a menudo hablamos de experimentar reacciones "psicosomáticas".

La influencia poderosa de la mente

La primera parte de esta palabra, "psico", viene de la palabra griega *psuche*, que se puede traducir como alma; la segunda parte, "somático", viene de *soma* que significa cuerpo. Por tanto, la palabra compuesta "psicosomático" se refiere al alma y al cuerpo.

Hoy, la ciencia médica ha demostrado que la mente tiene una influencia poderosa sobre el cuerpo. Lo que pensamos y sentimos sí afecta nuestro bienestar físico: si es positivo, puede ayudarnos a sentirnos mejor a nivel físico; si es negativo e intenso, realmente puede hacer que nuestros cuerpos sufran alguna disfunción. Esto es lo que los médicos llaman reacciones psicosomáticas negativas.

Por la inspiración del Espíritu Santo, Salomón entendió esta conexión mente-cuerpo, siglos antes de que lo descubriera la ciencia médica, lo cual indica cuán importantes son las Escrituras para entender el comportamiento humano.

Una broma de muy mal gusto

Tres jóvenes decidieron hacerle un comentario negativo durante el receso a otro compañero, a quien llamaremos Juan. Justo antes de que entrara a su primera clase, uno de los tres se le acercó y le preguntó:

—¿Qué te ha pasado?

—¿A qué te refieres? —dijo Juan—. Estoy bien. De hecho, me siento genial.

—¿De verdad? Pues no te ves muy bien.

—Oye —le dijo el segundo estudiante al terminar la clase—, no tienes muy buen aspecto.

—La verdad es que no me siento bien, pero aguantaré el día —dijo en voz baja mientras salía hacia su segunda clase.

—No te ves bien —le dijo el tercer estudiante cuando terminó la clase.

—Sí —respondió Juan con el semblante decaído—, no me siento nada bien. Creo que será mejor que me vaya a casa y me acueste. Estoy muy mal.

Por supuesto, todo aquello *fue* una broma de muy mal gusto (nunca deberíamos hacérsela ni a nuestro peor amigo). Sin embargo, demuestra que el proverbio de Salomón es cierto: "El corazón alegre es una buena medicina, pero el espíritu quebrantado consume las fuerzas" (Proverbios 17:22).

¿Puedes recordar alguna vez en que alguien te hizo sentir físicamente bien al darte algunas "palabras de ánimo"?

EL PODER DE LAS PALABRAS OPORTUNAS

Tercer proverbio: "El consejo oportuno es precioso, como manzanas de oro en canasta de plata" (Proverbios 25:11).

Este pensamiento demuestra cuán importante es elegir nuestras palabras con cuidado, y después decirlas en el momento oportuno. Permíteme ilustrar esta idea. En una ocasión, un amigo y yo (Gene) recorríamos unos montes en motocicleta, por lo que seguíamos un camino de tierra serpenteante, cuando de repente miramos hacia adelante. Allí, estaban los hermosos Picos Españoles (en el sureste de Colorado) que se elevaban majestuosamente hacia el cielo, por lo que detuvimos nuestras motocicletas y contemplamos su belleza.

¿Puedes recordar algunas palabras de ánimo que tuvieron efecto en tu vida de forma poco habitual porque te las dijeron en el momento oportuno y de la manera oportuna?

También notamos qué era lo que hacía que esas montañas fueran tan cautivadoras: estaban enmarcadas de forma natural por una rama larga que colgaba justo sobre nosotros. A nuestra izquierda, había un acantilado inclinado que formaba el marco de ese lado y a la derecha, unos pinos majestuosos se alzaban sobre la montaña. Para colmo, unas hermosas nubes blancas y esponjosas estaban sostenidas sobre las dos cimas copadas de nieve, con el cielo azul de fondo. Esos hermosos Picos Españoles parecían manzanas de oro en canasta de plata. Nunca olvidaré esa imagen que nuestro Padre celestial enmarcó con una belleza absoluta. Fue una escena inolvidable. Del mismo modo, las palabras que se dicen en el momento oportuno y de la manera oportuna, pueden ser inolvidables. También son "manzanas de oro en canasta de plata".

PRINCIPIO PARA VIVIR
ANÍMENSE UNOS A OTROS

A fin de ser ejemplo en tu conversación, debes buscar oportunidades naturales para usar palabras que animen a otros.

PUEDES MARCAR UNA GRAN DIFERENCIA

Al crecer como el hijo de Gene, las personas me preguntaban: "¿Has leído los libros de tu padre?". Siempre me reía entre dientes y respondía: "No, ¡los he *oído* todos!".

Al principio de este capítulo, él compartió una historia que he oído muchas veces. Me llega al corazón y me hace llorar. La señorita Owens lo animó y lo amó cuando necesitaba con desesperación que alguien creyera en él. Sin duda, sus palabras oportunas fueron "como manzanas de oro en canasta de plata".

En el fondo del corazón, queremos que alguien crea en nosotros porque necesitamos que nos animen y que nos amen. Dios nos creó para relacionarnos con otros. Observa lo que dijo Pedro sobre nuestra comunicación con los demás:

> Ahora bien, ¿quién querrá hacerles daño si ustedes están deseosos de hacer el bien? Pero, aun si sufren por hacer lo correcto, Dios va a recompensarlos. Así que *no se preocupen ni tengan miedo a las amenazas.* En cambio, adoren a Cristo como el Señor de su vida. Si alguien les pregunta acerca de la esperanza cristiana que tienen, estén siempre preparados para dar una explicación; pero háganlo con *humildad* y *respeto*. Mantengan siempre limpia la conciencia. Entonces, si la gente habla en contra de ustedes será avergonzada al ver la vida recta que llevan porque pertenecen a Cristo. Recuerden que es mejor sufrir por hacer el bien —si eso es lo que Dios quiere— ¡que sufrir por hacer el mal! (1 Pedro 3:13-17).

Por supuesto, el apóstol escribió sobre cómo debemos relacionarnos con personas que se oponen al cristianismo, pero creo que sus instrucciones de tratarlas "con humildad y respeto" tienen una aplicación importante en la forma en que debemos tratar a *cada persona* día a día.

Si debemos dirigirnos a nuestros enemigos con humildad y respeto, ¿cuánto más debemos hacerlo con nuestros hermanos y hermanas en Cristo, con el mismo grado de sensibilidad? Si no ves esas oportunidades, probablemente te estás enfocando demasiado en ti mismo y en tus propias necesidades.

Dios ha puesto a otras personas en tu vida con un propósito: deben animarte a ti y tú a ellos. Casi todas las veces, ¡el ánimo empieza con tus palabras!

SUGERENCIAS PRÁCTICAS

Hoy, busca la oportunidad de usar tu lenguaje de una forma que anime y fortalezca a otros. A continuación, te presentamos algunas ideas prácticas:

- Envía un correo electrónico.
- Envía un mensaje de texto.
- Haz una llamada telefónica.
- Da un abrazo con una frase sencilla: "¡Me preocupo por ti!".
- Dile "gracias" a alguien.
- Expresa una palabra de ánimo.

PASO DE ACCIÓN

Después de pedirle al Señor que te recuerde quién necesita ánimo, termina la siguiente oración:

> Mañana voy a ponerme en contacto con _______________ para darle algunas palabras de ánimo.

UNIDAD 4

Vive en la voluntad de Dios

No permitas que nadie te subestime por ser joven.
Sé un ejemplo para todos los creyentes en lo que dices,
en la forma en que vives...
1 TIMOTEO 4:12

La "conducta" cristiana implica la forma en que vivimos en todos los aspectos de nuestra experiencia cristiana. Mientras lees los siguientes capítulos y piensas en el reto que Pablo le puso a Timoteo, descubrirás tres principios dinámicos para vivir.

10

Anda como es digno

PRINCIPIO PARA VIVIR

Para ser ejemplo en tu conducta, debes anhelar caminar en la voluntad de Dios cada día, como se revela en la Biblia.

Piensa por un instante en lo que tienes en tus manos cuando tomas una Biblia. Es una colección fascinante de libros, informes y cartas que se escribieron durante un período de 1500 años a través de casi 40 autores diferentes. Las Escrituras son la Palabra eterna de Dios.

Este es otro hecho fascinante que puede que conozcas o no: hubo personas que, literalmente, dieron sus vidas para que pudiéramos tener este Libro maravilloso en nuestro idioma. Por ejemplo, William Tyndale, quien vivió hace casi 500 años, fue sentenciado a muerte principalmente por traducir la Biblia al inglés. ¡Sí, el Libro que tú y yo leemos hoy! Algunos líderes de la iglesia e incluso el rey de Inglaterra se opusieron a su trabajo.

"¿Por qué?", te preguntarás, "¿por qué lo hicieron?". Porque los hombres poderosos y malvados no querían que las personas supieran lo que realmente enseñaba la Biblia, pues ese conocimiento expondría sus vidas pecadoras. Desdichadamente, esta actitud aún prevalece entre algunos líderes religiosos en la actualidad.

En una ocasión, el señor Tyndale le dijo a un líder eclesiástico de alto rango que deseaba hacer posible que cada joven común y corriente que trabajaba en el campo supiera más sobre el mensaje de Dios en la Biblia que muchos ministros que habían recibido instrucción en escuelas religiosas. El Señor le ayudó a lograr esa meta cuando tradujo las Escrituras al inglés pero, al final, sus enemigos lo sentenciaron a muerte por hereje.

¡Imagínate! Hubo un hombre que murió para que pudiéramos tener la Biblia en nuestro propio idioma, lo cual me motiva a leerla y estudiarla, no solo para vivir en la voluntad de Dios, sino también para ayudar a otros a "andar como es digno" de nuestro supremo llamado en Jesucristo. ¡Esperamos que la historia de Tyndale también toque tu vida!

LA TAREA DE TIMOTEO

Cuando Pablo le escribió su primera carta a Timoteo y lo retó a ser "un ejemplo para todos los creyentes en lo que dices, en la forma en que vives" (1 Timoteo 4:12), siguió su reto con las siguientes instrucciones:

> Hasta que yo llegue, dedícate a *leer las Escrituras a la iglesia*, y a *animar* y a *enseñarles* (1 Timoteo 4:13).

¿Qué debía leerle a ese grupo de creyentes cuando se reunían para adorar? ¿Qué exhortaciones se supone que debía comunicar? ¿Qué se supone que debía enseñar? Mientras reflexionas en estas preguntas, ten presente que gran parte del Nuevo Testamento aún no se había escrito, y que solo se habían escrito algunos informes y cartas en varios lugares del imperio romano. Sin embargo, Timoteo *tuvo* acceso a una de las cartas más profundas y exhaustivas de Pablo: la que escribió a los cristianos que vivían en Éfeso. Esta carta y quizás varias copias estaban guardadas en un lugar seguro de esa metrópolis pagana.

De nuevo, usemos nuestra imaginación: el escenario es una casa grande situada en la calle principal de esa ciudad gigantesca. Cuando las personas se reunían, seguían las instrucciones de Pablo de "cantar salmos e himnos y canciones espirituales entre ustedes". Después de darle "gracias por todo a Dios el Padre en el nombre de nuestro Señor Jesucristo" (Efesios 5:19-20), Timoteo se levantó, desenrolló el manuscrito con cuidado y comenzó a leer de forma lenta y pausadamente. Cuando llegó a la mitad de la carta, hizo una pausa y leyó incluso las siguientes palabras con más atención y detenimiento:

> Yo pues, preso en el Señor, os ruego que andéis como es digno de la vocación con que fuisteis llamados (Efesios 4:1, RVR-60).

"EXHORTACIÓN Y ENSEÑANZA"

Al *leer* estas palabras, hizo una pausa de nuevo y comenzó a *exhortar* y *enseñar*, al explicarles que Pablo había dedicado la primera parte de la carta a describir el llamado en Cristo (ver Efesios 1—3) y en la segunda parte exhortaba a los cristianos sobre su estilo de vida, a la luz de ese gran llamado (ver Efesios 4—6). Si Timoteo hubiera tenido acceso a las presentaciones de PowerPoint que tenemos hoy, habría sido algo así:

Carta a los efesios	
Nuestro llamado en Cristo (caps. 1—3)	Andar como es digno del llamado (caps. 4—6)

El joven continuó con su "enseñanza" y les explicó que el apóstol usó la palabra "andar" para ilustrar cómo debemos vivir al ser cristianos: estamos en un viaje, en un camino que conduce al cielo. En ese momento, el Espíritu Santo le recordó lo que su madre le había enseñado sobre el Antiguo Testamento. De hecho, había memorizado estas palabras del Salmo 119:

> ¿Cómo puede un joven mantenerse puro? (Salmo 119:9).

Más adelante, el autor respondió la pregunta en el mismo salmo: "Tu palabra es una lámpara que guía mis pies y una luz para mi camino" (Salmo 119:105).

TU LLAMADO EN CRISTO

Quizás, Timoteo les preguntó a sus oyentes: "¿Cómo llegamos a este camino?". De pronto, revisó lo que Pablo había escrito en su carta para responderles:

> Dios los salvó por su gracia cuando creyeron. Ustedes no tienen ningún mérito en eso; es un regalo de Dios. La salvación no es un premio por las cosas buenas que hayamos hecho, así que ninguno de nosotros puede jactarse de ser salvo (Efesios 2:8-9).

Si creemos que estamos en el camino espiritual que lleva al cielo gracias a nuestras buenas obras, estamos en el sendero *equivocado*. Aunque Timoteo no había escuchado las enseñanzas de Jesús mientras estuvo en la tierra, sí había escuchado a otros decir que Él había declarado que el camino espacioso "lleva a la perdición" (Mateo 7:13, RVR-60).

¿Qué le responderías a alguien si te preguntara si estás en el camino correcto? (ver Juan 1:12; 3:16; Romanos 3:23; 6:23).

Si hubieras estado allá y escucharas su enseñanza, quizá se habría dirigido a ti y te habría hecho una pregunta personal: "Y tú, ¿estás en el camino correcto? Si no, puedes estarlo". Piensa en la verdad maravillosa que Pablo les explicó en esta carta. Reconoce sinceramente que has pecado, como todos los seres humanos, y que necesitas un Salvador. Luego, recibe el regalo de la vida eterna al poner tu fe en el Señor Jesucristo, quien murió por tus pecados (y por los míos) y resucitó por el poder de Dios.

TUS BUENAS OBRAS

Después de que Timoteo hubiera repasado esta gran verdad de que "somos salvos por gracia mediante la fe", les habría recordado a sus oyentes lo que Pablo escribió en la oración siguiente:

> Porque somos hechura suya, creados en Cristo Jesús *para buenas obras*, las cuales Dios preparó de antemano para que *anduviésemos en ellas* (Efesios 2:10, RVR-60).

El apóstol usó la misma palabra básica de la mitad de su carta, cuando escribió: "Deben andar como es digno". Una vez que creemos, debemos vivir de cierta forma. Estamos llamados a imitar la vida de Jesús en nuestro andar diario. En otras palabras, cuando llegamos al camino correcto (que conduce al cielo), debemos continuar ahí y "andar como es digno" de nuestro "llamado" maravilloso en Cristo (Efesios 4:1). Debemos participar de las "buenas obras" que deben desarrollarse en la vida de cada cristiano.

CONDUCTA DIARIA

Tras explicar esta gran verdad sobre la salvación y las buenas obras que deben producirse como resultado, Timoteo señaló que Pablo fue muy específico en la segunda parte de la carta al describir cómo debe andar un cristiano.

Una vida nueva en Cristo

Para "andar como es digno" de lo que el Señor ha hecho por nosotros al darnos salvación personal, debemos vivir de tal forma que le demos honor y gloria a Él, y responder con profundo amor y agradecimiento. Por eso, Pablo dijo:

> Que ya no *andéis* como los otros gentiles, que *andan* en la vanidad de su mente (Efesios 4:17, RVR-60).

Timoteo sabía exactamente lo que el apóstol estaba pensando. De niño, este joven había crecido en una cultura gentil pagana. Afortunadamente, el estilo de vida piadoso de su madre judía y su enseñanza lo protegieron de las horribles profundidades de la conducta pecaminosa de su ciudad natal (Listra), pues su mamá le enseñó "las sagradas Escrituras" desde su niñez (2 Timoteo 3:15). Aun así, él había observado la forma de vida de los gentiles. Incluso, su padre pagano no había sido un ejemplo positivo.

Ahora, como un joven soltero que vivía y ministraba en una "ciudad de pecado" como Éfeso, a pesar de ser cristiano, era tentado a participar de algunas actividades paganas que eran visibles en cada esquina. Por lo tanto, Pablo lo exhortó a ser ejemplo con su conducta siempre, para que pudiera enseñarles con libertad a los creyentes efesios sobre "andar como es digno" de su "llamado" en Cristo, o sea, a nunca volver a su antiguo estilo de vida, cuando no creían. Por eso, también instruyó a Timoteo a ser este tipo de modelo:

> *Presta suma atención* a estos asuntos. Entrégate de lleno a tus tareas, para que todos vean cuánto has *progresado* (1 Timoteo 4:15).

¿Qué cambios se han producido en tu vida desde que te convertiste en cristiano? ¿De qué forma tu vida es distinta hoy en comparación con tu antigua manera de vivir?

Una vida de amor

Ya que el amor es fundamental para describir la conducta cristiana, veremos esta característica de vida con mayor profundidad en nuestra próxima unidad. Sin embargo, debes saber que Pablo quería que todos los creyentes efesios supieran que debemos imitar el amor de Cristo por ellos para *andar* como es digno del maravilloso llamado como cristianos. Por lo tanto, escribió:

> Sed, pues, imitadores de Dios como hijos amados. Y andad *en amor*, como también Cristo *nos amó*, y se entregó a sí mismo por nosotros, ofrenda y sacrificio a Dios en olor fragante (Efesios 5:1-2, RVR-60).

¿De qué formas estás amando a otros como Jesús te amó al morir por tus pecados en la cruz?

Amar a otros como Cristo nos ha amado es una de las exhortaciones más desafiantes de todo el Nuevo Testamento. De hecho, es la base para ser un cristiano dedicado. Cuando Pablo les escribió a los corintios, les dijo:

> Tres cosas durarán para siempre: la fe, la esperanza y el amor; y *la mayor de las tres es el amor* (1 Corintios 13:13).

Una vida que refleja luz, no oscuridad

Éfeso era una ciudad de oscuridad. Como hemos visto, las personas adoraban a Diana, diosa de la fertilidad, en su templo. La inmoralidad estaba en todas partes, así que Pablo les escribió:

> Porque en otro tiempo erais tinieblas, mas ahora sois luz en el Señor; *andad como hijos de luz* (Efesios 5:8, RVR-60).

Timoteo debía ser ejemplo de esta exhortación y, al mismo tiempo, enseñarla. Nunca debía participar "en las obras inútiles de la maldad y la oscuridad; al contrario [sacarlas] a la luz" (Efesios 5:11, RVR-60) ¡Qué reto!

¿De qué formas eres luz en este mundo de oscuridad?

Una vida vivida con cautela y sabiduría

La última exhortación del apóstol en la que usó el término "andar" es una advertencia a estar alerta todos los días:

> Mirad, pues, con diligencia *cómo andéis*, no como necios sino como sabios, aprovechando bien el tiempo, porque los días son malos (Efesios 5:15-16, RVR-60).

¿Cuán a menudo te detienes y piensas en la forma en que vives en este mundo? ¿Cuáles son tus prioridades personales?

¡SE ACABÓ LA REUNIÓN!

De nuevo, imagina la situación en Éfeso. Timoteo terminó de *leer, exhortar, enseñar* y enrolló el precioso manuscrito. Cuando las personas se fueron, pudo haber reflexionado en las exhortaciones que Pablo le había hecho en otra carta que le escribió a título personal, la cual conocemos como 1 Timoteo y que estamos estudiando en este libro titulado *La medida de un joven*. Podemos imaginar que las siguientes palabras acaparaban su mente y corazón con frecuencia:

> No permitas que nadie te subestime por ser joven. Sé un ejemplo para todos los creyentes *en lo que dices*, en la *forma en que vives*, en tu *amor*, tu *fe* y tu *pureza*. Hasta que yo llegue, dedícate a *leer las Escri-*

turas a la iglesia, y a *animar* y a *enseñarles* a los creyentes. Presta suma atención a estos asuntos. Entrégate de lleno a tus tareas, para que todos vean cuánto has progresado (1 Timoteo 4:12-13, 15).

PRINCIPIO PARA VIVIR
ANDA COMO ES DIGNO

Para ser ejemplo en tu conducta, debes anhelar caminar en la voluntad de Dios cada día, como se revela en la Biblia.

LA PALABRA DE DIOS PARA NOSOTROS

Es un gran privilegio tener la Biblia completa para leerla y estudiarla. Como hemos visto en este capítulo, es probable que cuando Timoteo estaba ministrando en Éfeso tuviera acceso a la carta de Pablo a los efesios, más los escritos personales que había recibido. Por supuesto, solo representaban una pequeña porción del Nuevo Testamento. Desde luego, Timoteo nunca se imaginó una Biblia completa como la que tenemos hoy. ¿Cómo podría? La invención de la imprenta se produjo más de 1400 años después.

Hoy, tenemos la Palabra de Dios porque escribas fieles copiaron minuciosamente los Evangelios originales, las cartas y los demás libros. Aunque todos ya estaban escritos al final del siglo I d.C., los 27 libros del Nuevo Testamento no se reconocieron oficialmente como Escrituras inspiradas hasta el 393 d.C. Sin embargo, Jesús mismo había reconocido al Antiguo Testamento como inspirado, así que hoy consideramos tanto al Antiguo como al Nuevo Testamento como la Palabra de Dios revelada. Afortunadamente, tenemos esta maravillosa colección de escritos en el volumen que llamamos la Biblia.

LEER LA PALABRA DE DIOS

No sé si has dedicado mucho tiempo a pensar en la Biblia y en cómo Dios quiere que la uses para dirigir tu vida. Suponemos que te han enseñado sobre su importancia y que la tratas con respeto. Probablemente, te han enseñado que las Santas Escrituras no están al mismo nivel de cualquier otro libro, porque las palabras registradas en cada página vinieron directamente de Dios. Entonces, ¿por qué es tan difícil apartar tiempo para leer la Biblia? ¿Por qué no lo hacemos diariamente? ¿No deberíamos leerla y dejar que afecte nuestra forma de vivir al ver cómo Dios ha preservado su mensaje para nosotros?

Me distraigo (Kenton) debido a muchas cosas en mi vida, así que es muy fácil dejar a un lado el pasar tiempo con Dios. ¿Te resulta familiar? Sé que hay muchas cosas que compiten por tiempo en tu vida. Hay tareas por hacer, deberes de la escuela por terminar, deportes, ensayos de música o de teatro a los que debes asistir, programas de televisión, o tal vez pienses simplemente que leer la Biblia es aburrido, pues parece que no tiene sentido y no sabes cómo aplicar lo que lees a tu vida.

Me puedo identificar con tu experiencia. Cuando estaba creciendo, me propuse un par de veces la meta de leer toda la Biblia. Comencé en Génesis, me esforcé por terminar Éxodo y luego, llegué a Levítico. En ese punto, encontré unas leyes muy extrañas y dejé de leer. Verás, no tenía un plan adecuado para mi edad. Así que quiero sugerirte algunas pautas que pueden ayudarte a mantener el rumbo a medida que lees toda la Palabra de Dios.

SUGERENCIAS PRÁCTICAS

A continuación, te presentamos algunas ideas para ayudarte a leer la Biblia con frecuencia y para aplicarla a tu vida:

- **Paso 1:** Toma la decisión de leer la Biblia de forma constante y sistemática.
- **Paso 2:** Encuentra un plan de lectura que sea adecuado para ti. Puedes buscar en Internet usando las palabras "planes de lectura bíblica", y así obtendrás una lista completa de recursos.
- **Paso 3:** Adapta el plan para suplir tus propias necesidades. Por ejemplo, si puedes comprometerte a leer solo tres días a la semana, hazlo.
- **Paso 4:** No te rindas. Si no lo haces un día, retoma al día siguiente donde quedaste. No te desanimes, solo empieza de nuevo.
- **Paso 5:** Elige una versión de la Biblia que sea fácil de leer. Un pastor o un mentor puede ayudarte a elegirla.
- **Paso 6:** Toma nota de lo que aprendes. Puedes seguir los siguientes pasos:

  Escrituras. Escribe un versículo que te llame la atención.
  Observación. Escribe lo que notas.
  Aplicación. Escribe lo que vas a hacer como resultado de tu lectura.
  Oración. Escríbele una oración a Dios sobre lo que aprendiste.

Busca un cristiano más maduro que estudie la Biblia contigo de forma personal (tu pastor de jóvenes, tu padre, tu entrenador u otro mentor de confianza).

Busca un amigo o un grupo de amigos que se comprometan a leer la Biblia contigo y fijen una hora para reunirse con frecuencia. Hablen de lo que aprenden y anímense unos a otros a poner en práctica lo que la Biblia enseña.

11

Desarrolla relaciones

PRINCIPIO PARA VIVIR

Para ser ejemplo a otros creyentes con tu conducta, debes modelar relaciones centradas en Cristo al poner en práctica los conceptos "unos a otros" de las Escrituras.

Anteriormente, Kenton usó la ilustración de un barco para ayudarte a entender cómo vivir en la voluntad de Dios (ver capítulo 5). Para navegar por los mares tormentosos de la vida, necesitas un sistema de navegación. En nuestro caso, se trata de la Biblia. También necesitas un casco fuerte (la verdad del Señor) que te dé fuerza y estabilidad para soportar los vientos que pueden sacarte de la ruta.

Pero hay otro elemento importante que necesitas para navegar por la vida, ya sea que vayas por mares tranquilos o llenos de olas gigantescas. Necesitas una tripulación dedicada, otros cristianos comprometidos que te impidan ser "arrastrado de un lado a otro ni empujado por cualquier corriente de nuevas enseñanzas" (Efesios 4:14).

Cuando Timoteo usó la carta de Pablo a los efesios y centró su atención en "leer las Escrituras a la iglesia, y a animar y a enseñarles", pudo haberles explicado la ilustración del "cuerpo" que usó el apóstol para hacer énfasis en la importancia que tienen todos los creyentes al ayudarse a madurar en Cristo:

> Él hace que *todo el cuerpo* encaje perfectamente. *Y cada parte*, al cumplir con su función específica, ayuda a que las demás se desarrollen, y entonces todo *el cuerpo* crece y está sano y lleno de amor (Efesios 4:16).

CONECTIVIDAD ESPIRITUAL

En este versículo, Pablo dejó claro que cada uno debe tener una relación adecuada con los hermanos y hermanas en Cristo con el fin de crecer y madurar en su amor. Para demostrar la importancia de las relaciones centradas en Dios, usó las palabras "unos a otros" casi 40 veces en sus cartas del Nuevo Testamento. Cuando leemos estas exhortaciones, podemos entender mejor a qué se refería cuando dijo que "cada parte" es importante para edificar el Cuerpo de Cristo.

Por supuesto, Timoteo no tenía acceso a todas las cartas de su mentor, a diferencia de hoy. Sin embargo, lo había escuchado enseñar estas verdades de "unos a otros" muchas veces, cuando viajaron de iglesia en iglesia. Además, mientras estuvo en Éfeso, quizá tuvo acceso a la carta del apóstol a los romanos. Si no, podemos tener la certeza de que conocía el contenido básico porque estuvo con él en la ciudad de Corinto, cuando la escribió. Quizás miraba por encima del hombro de Pablo mientras escribía cada palabra, especialmente cuando describió cómo deben relacionarse los cristianos entre sí.

Mientras explicaba las palabras respecto al Cuerpo de Cristo en la carta a los efesios, Timoteo pudo haberles recomendado las frases "unos a otros" de la carta de Pablo a los romanos y haber meditado en éstas.

MIEMBROS LOS UNOS DE LOS OTROS

En Romanos 12:4-5, Pablo escribió: "Porque de la manera que en un cuerpo tenemos muchos miembros, pero no todos los miembros tienen la misma función, así nosotros, siendo muchos, *somos un cuerpo en Cristo,* y todos *miembros los unos de los otros*" (RVR-60).

El cuerpo humano está compuesto por varios miembros o partes: brazos, manos, piernas, pies, ojos, orejas, entre otros (ver 1 Corintios 12:14-26). Sin embargo, es "un cuerpo". El apóstol usó esta analogía y metáfora para enseñar que como cristianos, somos un cuerpo que está compuesto por muchos miembros. Así como las "partes" del cuerpo humano están conectadas físicamente, también somos cristianos individuales que estamos conectados espiritualmente. Por lo tanto, el apóstol escribió que somos "miembros los unos de los otros". Además, no podemos desempeñarnos adecuadamente, y crecer y madurar en el Señor como individuos y grupo de creyentes, a menos que nos desempeñemos como "un cuerpo en Cristo". En otras palabras, nos necesitamos unos a otros (seamos jóvenes o ancianos).

EL EJEMPLO DE TIMOTEO

Timoteo debía modelar esta gran verdad con su *conducta* a fin de ser ejemplo para todos los creyentes en Éfeso. Aunque era un líder espiritual muy importante que había sido ordenado por el apóstol mediante la unción del Espíritu Santo (ver 1 Timoteo 4:14; 2 Timoteo 1:6), también era miembro del Cuerpo de Cristo en Éfeso y necesitaba desempeñarse con valentía y humildad como uno de ellos. Pablo explicó este concepto de "unos a otros" cuando le escribió a su hijo espiritual la siguiente exhortación en su segunda carta:

> Nunca le hables con aspereza a un hombre mayor, sino llámale la atención con respeto como lo harías con tu propio padre. Dirígete a los jóvenes como si les hablaras a tus propios hermanos. Trata a las mujeres mayores como lo harías con tu madre y trata a las jóvenes como a tus propias hermanas, con toda pureza (1 Timoteo 5:1-2).

¿Qué tan bien te relacionas con otros miembros del Cuerpo de Cristo, tanto jóvenes como ancianos?

El apóstol usó la ilustración de una "familia" para demostrar cómo debía cumplir esta función pastoral y de enseñanza. Timoteo debía:

- Honrar a los hombres mayores como lo haría con su propio padre.
- Cumplir su función pastoral con sus pares como si fueran sus propios hermanos de sangre.
- Honrar a las mujeres mayores como lo haría con su propia madre.
- Relacionarse con las mujeres jóvenes como si fueran sus propias hermanas de sangre.

"AMAOS LOS UNOS A LOS OTROS CON AMOR FRATERNAL"

Pablo usó la ilustración de una familia en la exhortación en el libro de romanos: "Amaos los unos a los otros con *amor fraternal*" (Romanos 12:10a, RVR-60). No solo debemos desempeñarnos como "miembros" de un cuerpo humano, sino que debemos hacerlo según el diseño de Dios para la relación entre hermanos y hermanas dentro de una familia natural. Cuando creemos, debemos demostrar amor y afecto los unos por los otros porque ahora somos hermanos y hermanas en Cristo, miembros de la familia del Señor.

Este es uno de los conceptos más importantes en el Nuevo Testamento. Verás, casi todas las personas que creyeron en el mundo romano procedían de familias terriblemente disfuncionales, así que no habían experimentado este tipo de afecto y amor de parte de sus padres o de sus hermanos. Sin embargo, al creer, eran capaces de unirse a una nueva *familia espiritual,* donde podrían experimentar por primera vez lo que significaba respetarse y preocuparse de verdad entre sí. Además, un entorno que era permeado por el amor de Cristo les iba a ayudar a todos (fueran jóvenes y ancianos, esposos y esposas, padres e hijos) a experimentar sanidad emocional y espiritual. La "familia de Dios" debía (y debe) ser esa "familia" que la mayoría de personas nunca tuvieron.

EL REGALO DE DIOS PARA MÍ

Yo (Gene) tuve la suerte de crecer en una familia en la que me sentía muy seguro. Aunque todos estábamos lejos de ser perfectos, nunca pensé que mis padres pudieran divorciarse. Tenían sus luchas, pero se habían comprometido para toda la vida.

Tuve tres hermanos y dos hermanas, y todos tuvimos nuestras discusiones familiares. Sin embargo, nos amábamos y nos defendíamos incondicionalmente. Como el mayor, recuerdo cuánto me enojaba si alguien se metía con mis hermanos. Sentía que era mi derecho, no el de alguien más.

¡Puedes imaginarte lo que ocurrió cuando nos volvimos cristianos! Estábamos más comprometidos los unos con los otros que nunca, pues no solo éramos hermanos y hermanas de sangre en una familia biológica, sino también a nivel espiritual en Jesucristo.

Por supuesto, mi experiencia tal vez no sea igual que la tuya. Quizás creciste en una familia donde nunca oíste las palabras "te amo", ni tampoco lo experimentaste. La buena noticia es que si has depositado tu fe en el Señor Jesucristo, ahora eres miembro de su familia, por lo cual no solo puedes experimentar su amor de manera personal, sino que también puedes aprender a compartirlo con otros. Por eso, es tan importante la exhortación de Pablo a amarnos con amor fraternal los unos a los otros.

EL TRASFONDO DE LA FAMILIA DE TIMOTEO

Probablemente, Timoteo se identificó con esta ilustración familiar de "los unos a los otros" de manera muy particular. Aunque tuvo una madre judía piadosa, tuvo un padre gentil que no era creyente. Como observamos en el capítulo 3, esto pudo ser la raíz de su inseguridad y temor. Sin embargo, Timoteo fue "apadrinado" por el apóstol Pablo, quien se convirtió en el padre espiritual que nunca tuvo.

Si has tenido un trasfondo familiar seguro, ¿cómo podrías ayudarles a experimentar sanidad emocional a otros jóvenes que no tuvieron tu experiencia familiar?

Además, Timoteo experimentó sanidad emocional y espiritual al ser miembro de la familia de Dios en la iglesia de Listra, su ciudad natal. Sus líderes espirituales también se convirtieron en sus "padres espirituales". En ese momento, era un líder espiritual en Éfeso y debía ser ejemplo en cuanto a cómo debían relacionarse los hermanos y las hermanas en Cristo. De nuevo, aunque era su líder espiritual, también era su hermano en Cristo.

HONRARSE UNOS A OTROS

Después de exhortar a los cristianos de Roma diciéndoles "amaos los unos a los otros con amor fraternal", Pablo les explicó qué significaba: "En cuanto a honra, prefiriéndoos los unos a los otros" (Romanos 12:10b, RVR-60). Dicho de otra forma, debían honrarse los unos a los otros antes que a sí mismos.

Esta es una exhortación poderosa sobre "los unos a los otros". ¿Cómo podía Timoteo ser un líder espiritual en Éfeso, quien nombraba a otros líderes, y a la vez poner en práctica esta exhortación de honrarlos antes que a sí mismo? Esto se relaciona con el concepto de liderazgo servicial que, como veremos en nuestra próxima unidad, el Señor Jesucristo ilustró a la perfección.

HELIESQUÍ EN CANADÁ

Yo (Gene) tuve una experiencia única que me ayudó a entender con más claridad lo que significa honrar a otros antes que a mí mismo. Fui a hacer heliesquí con Kenton en las hermosas montañas Kootenay en Canadá. Era una experiencia nueva para los dos, pero fue más intensa a nivel de aprendizaje para mí, ya que mi hijo era un esquiador mucho más experimentado que yo, pues llevaba un par de años en el equipo de competencia en Colorado.

Después de recibir el entrenamiento para avalanchas, que fue un poco aterrador, nos subimos a un helicóptero y nos dirigimos a la cima de una de las montañas de esta increíble cordillera canadiense. Sinceramente, mi experiencia inicial fue muy intimidante. Siempre me había sentido muy cómodo como esquiador experimentado en laderas de nieve compacta, pero descender por nieve en polvo era una experiencia totalmente nueva para mí. La primera mitad del día, casi me desgasté tratando de sortear esos terrenos tan desiguales, incluyendo unas caídas de 75 grados.

A mediodía, uno de los pilotos del helicóptero nos llevó el almuerzo a un lado de esas increíbles laderas montañosas. Mientras nos comíamos los emparedados y tomábamos la sopa, el guía principal me sugirió en voz baja que me ayudaría recibir algunas instrucciones personalizadas, pues había observado mi lucha. Francamente, estuve encantado; entonces me señaló a un hombre más bien bajito con lentes de sol que llevaba unas latas de sopa vacías al lugar donde había aterrizado el helicóptero. De hecho, nos había servido constantemente al darnos el almuerzo y hacer otras tareas poco importantes mientras comíamos.

—¡Es Waldo! Él le dará algunas instrucciones personalizadas —me dijo el guía. Yo aún me sentía un poco ansioso, pero estaba contento, pues parecía ser una persona bastante amigable.

Cuando despegamos y ascendimos hacia la montaña, llegamos a la cima en cuestión de minutos. Salimos del helicóptero, nos pusimos los esquís y nos preparamos para descender.

Waldo se acercó a tres de nosotros (todos hombres mayores) que luchábamos con nuestras destrezas. Kenton y los otros esquiadores más experimentados siguieron a su guía, se lanzaron por la montaña y desaparecieron. Aún se me pone la "piel de gallina" cuando lo recuerdo.

Waldo me ayudó primero. Debido a mis años de experiencia en las laderas de nieve dura, aprendí rápidamente algunas destrezas nuevas: cómo botar en la nieve en polvo y girar ambos esquís.

¡Vaya! Este tipo Waldo sabe algo más que ayudar a servir sopa y emparedados —pensé. Trabajó con nosotros toda la tarde, y nos dio consejos mientras ascendíamos y descendíamos por aquellas montañas.

UNA ENORME SORPRESA

Esa noche, cené en la cabaña junto a uno de los hombres mayores que, al igual que yo, se había beneficiado de las instrucciones útiles de Waldo. Él hizo un comentario poco habitual:

—Gene, mi hijo realmente disfrutó al ayudarte a desarrollar algunas técnicas nuevas de esquí hoy.

—¿Eres el padre de Waldo? —mi respuesta fue un poco sobresaltada.

—No sabes a lo que se dedica mi hijo, ¿verdad? —volvió a sorprenderme un poco después de hablar un poco más.

—Creo que no. Solo sé que nos sirvió sopa y emparedados, y que en verdad sabe esquiar muy bien —respondí con curiosidad.

—Mi hijo es el Director Ejecutivo de todas las actividades de Canadian Mountain Holiday (CMH) —respondió el padre de Waldo de forma despreocupada, con una sonrisa sencilla y, a la vez, de orgullo.

Para que sepas qué significa, hay varias de estas estaciones en Canadá que proporcionan un increíble servicio de heliesquí. CMH es una organización gigantesca, una de las mejores del mundo. Yo estaba impresionado. Ese hombre nos había servido sopa y emparedados, y luego pasó toda la tarde enseñándonos a esquiar (ni siquiera una sola vez mencionó su papel importante en esta enorme organización).

En ese momento, Waldo apareció con una bandeja de comida y se sentó a nuestro lado. De inmediato, le dije que no sabía cuál era su cargo y le expresé mi más sincera gratitud por lo que me había enseñado, por haber dedicado toda la tarde a enseñarme.

Entonces, habló de su estrategia como Director Ejecutivo. Pasaba una semana en cada una de las estaciones de heliesquí. Básicamente, iba de incógnito, revisaba los servicios, se aseguraba de que todo funcionara correctamente y que atendieran bien a las personas. También daba ejemplo a su equipo de trabajo en cuanto a servir a otros, sin importar sus cargos. Entonces, dijo algo que nunca olvidaré: "La filosofía de nuestra organización es que si les servimos a las personas, ¡regresarán!".

UNA LECCIÓN DE JESÚS

En ese momento, pensé en la lección que Jesús les enseñó a sus discípulos en el aposento alto, cuando les lavó los pies:

> ¿Entienden lo que acabo de hacer? Ustedes me llaman "Maestro" y "Señor" y tienen razón, porque es lo que soy. Y, dado que yo, su Señor y Maestro, les he lavado los pies, ustedes deben lavarse los pies unos a otros. Les di mi *ejemplo* para que lo sigan. Hagan lo mismo que yo he hecho con ustedes (Juan 13:12b-15).

Aunque Timoteo era un líder espiritual en Éfeso y representaba al gran apóstol Pablo, debía ejemplificar el liderazgo servicial. Aunque era un líder principal con una autoridad delegada, debía modelarles a los creyentes en Éfeso qué significaba ser miembros unos de otros, amarse unos a otros con amor fraternal y preferirse unos a otros en cuanto a honra.

¿De qué manera les muestras honor a tus hermanos en Cristo?

PRINCIPIO PARA VIVIR
CONECTIVIDAD ESPIRITUAL

Para ser ejemplo a otros creyentes con tu conducta, debes modelar relaciones centradas en Cristo al poner en práctica los conceptos "unos a otros" de las Escrituras.

NECESITAS A OTROS

Solo hemos visto tres de "los unos a los otros" en la carta de Pablo a los romanos. De hecho, el apóstol explicó brevemente cinco y muchos más en otras cartas. Como hijo de pastor, he escuchado a mi papá enseñar sobre esos poderosos "los unos a los otros" en varias ocasiones. Además, he visto cuán importantes son para ayudarles a todos los cristianos a vivir plenamente en la voluntad de Dios. También lo he experimentado en mi propia vida.

Como joven, es importante que vivas esos "los unos a los otros" sin importar tu edad. Por supuesto, no conozco los retos a los que te enfrentas y que hacen que sea difícil pasar tiempo con tus amigos cristianos, pero Pablo dejó muy claro que los necesitas, al igual que ellos a ti. Crecemos como creyentes solo cuando nos ministramos unos a otros.

Cuando tus mejores amigos son cristianos, compartes un vínculo y una creencia común en Jesús y en la Palabra de Dios. Pueden animarse unos a otros a depender de Él y a buscar en la Biblia las respuestas, cuando atraviesan momentos difíciles en sus vidas.

Desde luego, toma tiempo conocer a tus amigos. ¿Cómo son? ¿Qué dificultades tienen en la escuela, en su familia y en sus relaciones? ¿Cómo puedes animarles en esas áreas? ¿Qué dificultades enfrentas? ¿Qué tanto te conocen las personas? ¿Cómo pueden animarte?

UN PROYECTO PRÁCTICO

Hemos escrito una lista que incluye otros casos de "unos a otros" en el Nuevo Testamento. Marca los que creas que practicas bien y pon una *X* en los que te gustaría mejorar.

- ❏ Amarse unos a otros (Romanos 13:8)
- ❏ Vivir en plena armonía unos con otros (Romanos 15:5)
- ❏ Aceptarse unos a otros (Romanos 15:7)
- ❏ Enseñarse unos a otros (Romanos 15:14)
- ❏ Saludarse unos a otros (Romanos 16:16)
- ❏ Preocuparse los unos por los otros (1 Corintios 12:25)
- ❏ Servirse unos a otros (Gálatas 5:13)
- ❏ Llevar las cargas los unos de los otros (Gálatas 6:2)
- ❏ Ser amables unos con otros (Efesios 4:32)
- ❏ Someterse unos a otros (Efesios 5:21)
- ❏ Considerarse unos a otros (Filipenses 2:3)
- ❏ Animarse unos a otros (1 Tesalonicenses 4:18)
- ❏ Confesarse los pecados unos a otros (Santiago 5:16a)
- ❏ Orar los unos por los otros (Santiago 5:16b)

PREGUNTAS PARA RESPONDER

En el área de tus relaciones, ¿cuál crees que es la mayor necesidad en *las vidas de tus amigos cristianos?*

¿Cuál crees que es la mayor necesidad en *tu* vida en lo que respecta a las relaciones?

Pídele a Dios que te ayude a ver qué puedes hacer para suplir la(s) necesidad(es) de tu amigo. Escribe lo que te ponga en el corazón.

Comparte sinceramente con el Señor cuál es tu mayor necesidad y pídele que te ayude a depender de Él para suplirla. Habla de esta experiencia con tu mentor u otro amigo cercano, y escribe cualquier pensamiento que surja de esa conversación.

12

Honra a tus padres

PRINCIPIO PARA VIVIR

Para ser ejemplo en tu conducta, debes hacer todo lo posible para honrar a tus padres sin violar la voluntad de Dios.

En algún momento, casi todos tuvimos dificultades para honrar y mostrarles el debido respeto a nuestros padres. ¡Yo (Gene) las tuve! Es cierto que no me volví cristiano hasta los 16 años, pero no es excusa para algunas de las actitudes rebeldes y negativas que tuve antes en mi vida. Francamente, escribir este capítulo me ha hecho recordar cosas de las que me avergüenzo.

Sin embargo, *sí* sé que ¡cambié cuando me volví cristiano! Aunque a veces no estaba de acuerdo con mis padres, estaba aprendiendo más sobre lo que dice la Biblia acerca de las relaciones familiares y quise andar en la voluntad de Dios.

LA EXPERIENCIA PERSONAL DE TIMOTEO

Al exhortar y enseñarles a los creyentes en Éfeso, quizás Timoteo luchó con las instrucciones de Pablo para esa comunidad. De nuevo, imagínate escuchando y observando mientras abría el rollo y leía. ¿Cuáles serían sus recuerdos en ese momento?

> Hijos, obedezcan a sus padres porque ustedes pertenecen al Señor, pues esto es lo correcto. «*Honra a tu padre y a tu madre*». Ese es el primer mandamiento que contiene una promesa: si honras a tu padre y a tu madre, «*te irá bien y tendrás una larga vida en la tierra*» (Efesios 6:1-3).

Timoteo no tenía mayores dificultades para obedecer estas instrucciones al honrar y respetar a su piadosa madre judía. Quizás hubo ocasiones en las que pensó que era demasiado estricta y exigente al querer que cumpliera los Diez Mandamientos, pero en el fondo, sabía que le enseñó las Sagradas Escrituras desde su infancia por su bien. Y, claro, tenía razón. Cuando Timoteo escuchó el evangelio de parte de Pablo, creyó en Jesús como su Mesías y Salvador (ver 2 Timoteo 3:15).

Pero, ¿qué tal con su padre? ¿Cómo podía honrarlo cuando no era creyente y, probablemente, era un mal ejemplo? Aunque tenemos poca información sobre esta relación padre-hijo, podemos especular, a partir de lo que se nos dice de Timoteo y de su familia, que a veces la vida no fue fácil para su madre ni para él.

PREGUNTAS SIN RESPONDER

Finalmente, ¿el padre de Timoteo abandonó a su familia y se divorció de su madre? ¿Murió? ¿Siguió con su relación matrimonial y, al mismo tiempo, vivió como otros hombres paganos que tenían relaciones sexuales con prostitutas y esclavas jóvenes? O, ¿fue relativamente un "buen hombre gentil" que honró a la madre de Timoteo y le proveyó, pero rechazó su fe en Jesucristo?

¿Cuáles son algunos de los recuerdos que tienes sobre tu relación con tus padres que desearías olvidar?

Sin importar cuáles sean las respuestas a estas preguntas, Pablo le enseñó a honrar *tanto* a su padre como a su madre. Más adelante les escribió a los "hijos" en Éfeso que debían hacer lo mismo (ver Efesios 6:1-3).

¿QUÉ EDAD TENÍAN ESTOS "HIJOS"?

En la carta a los efesios, Pablo usó un término traducido como "hijos" que se usa en las Escrituras para referirse a la descendencia en general (sean jóvenes o incluso adultos). Sin embargo, se dirigía a "hijos" mayores, lo bastante adultos como para escuchar, entender y responder ante algunas instrucciones muy profundas. Por lo tanto, cuando escribió: "Hijos, obedezcan a sus padres", estaba escribiendo a hombres y mujeres jóvenes, quizás adolescentes, o entre los 20 o 30 años. Muchos quizás ya estaban casados y tenían hijos, pero vivían junto a sus padres en el recinto familiar, de pronto bajo el mismo techo, lo cual era común en esa cultura.

¿POR QUÉ OBEDECER?

Pablo explicó brevemente tres razones importantes por las que los hijos deben obedecer a sus padres. Mientras lees, piensa cómo se aplican en tu vida.

Obedecer a tus padres afecta tu relación con Cristo

Cuando el apóstol les enseñó a esos hijos a obedecer, estaba apelando al hecho de que eran cristianos, por lo cual debían "obedecer en el Señor a sus padres" (ver Efesios 6:1, RVR-60). Este habría sido el consejo del apóstol para el joven Timoteo cuando creyó. Como ahora era un seguidor de Jesucristo, debía obedecer tanto a su madre como a su padre, aunque fuera un incrédulo, porque Timoteo estaba "en el Señor".

Convertirse en discípulo de Jesús debe afectar todas las relaciones, en especial con nuestros padres, lo cual genera una pregunta muy práctica: ¿y si te exigen hacer ciertas cosas que definitivamente están fuera de la voluntad de Dios? Por ejemplo: ¿qué hubiera pasado si el padre de Timoteo le hubiera pedido que fuera al templo pagano y tuviera relaciones sexuales con una prostituta? En este punto, habría tenido un conflicto serio entre la voluntad de su Padre celestial y la de su padre terrenal. Sin duda, la voluntad del Señor siempre debe ir primero. ¡Veremos más sobre esto más adelante!

¿Cómo ha afectado tu relación con Dios Padre a la relación con tus padres?

Obedecer a tus padres es un mandamiento de Dios

La segunda razón que Pablo dio para obedecer a los padres es que es lo *correcto* (ver Efesios 6:1b), pues fue Dios quien dijo: "Honra a tu padre y a tu madre" (Efesios 6:2a).

De joven, Jesús fue un gran ejemplo: aunque era el Hijo de Dios, obedeció este mandamiento de forma inusual. Cuando tenía 12 años, su familia viajó a Jerusalén con el fin de participar en la fiesta de la Pascua. Al terminar, José y María regresaron a Nazaret con sus amigos y familiares, y llevaban todo un día de camino cuando se dieron cuenta de que Jesús no estaba entre el grupo. Así que regresaron de inmediato a Jerusalén, pero pasaron tres días hasta que lo encontraron. Jesús estaba en el templo y hablaba con los maestros de la ley. De hecho, sus preguntas y respuestas eran tan profundas que asombró a esos hombres que eran expertos en entender e interpretar la ley de Moisés.

En ese momento, sus padres estaban desesperados y su madre estaba especialmente enojada, por lo que le dijo: "Hijo, ¿por qué nos has hecho esto?... Tu padre y yo hemos estado desesperados buscándote por todas partes" (Lucas 2:48). Entonces, Jesús preguntó con respeto: "¿No sabían que tengo que estar en la casa de mi Padre?" (v. 49).

Lucas escribió que sus padres no entendieron lo sucedido. Sin embargo, también dijo que Jesús obedeció de inmediato, y regresó a

Nazaret con sus padres y siguió viviendo "en obediencia a ellos" (Lucas 2:51). Así que la obediencia a los padres es lo correcto. El razonamiento de Pablo se basó en el mandamiento de Dios y en el ejemplo de Jesucristo mismo.

¿Por qué a veces te resulta difícil hacer lo correcto en la relación con tus padres?

Obedecer a tus padres te trae beneficios personales

El apóstol les recordó a los hijos creyentes en Éfeso que, de los Diez Mandamientos que Dios entregó en el Monte Sinaí, obedecer a los padres fue "el primer mandamiento que contiene una promesa" (Efesios 6:2b). Entonces, Pablo citó la promesa:

> Te irá bien y tendrás una larga vida en la tierra (Efesios 6:3).

¿Qué quiso decir? Para responder, debemos entender que fue una promesa que se les dio, antes que nada, a los hijos de Israel. Si obedecían las instrucciones de sus padres en cuanto a la voluntad de Dios, sin duda tendrían "una larga vida en la tierra" de Canaán; si no lo hacían, sufrirían las consecuencias.

Sabemos, gracias a la historia completa del Antiguo Testamento, que cuando los padres en Israel les enseñaban fielmente las leyes del Dios a sus hijos y ellos las obedecían, vivían muchos años en la tierra. Cuando desobedecían, a menudo se los llevaban cautivos y muchos eran asesinados, y quienes vivían, eran dispersados hasta los confines de la tierra.

No, Dios no prometió que todos los hijos cristianos tendrían una larga vida *garantizada* en esta tierra por obedecer a sus padres. Algunos de los hijos más piadosos y obedientes que hemos conocido han muerto de enfermedades incurables; también han sido víctimas de accidentes horribles que se salieron de su control; y algunos murieron por desastres naturales (terremotos, tsunamis y tornados). Sin embargo, sí hay un lado *práctico* al obedecer a los padres. Aunque el Señor no garantiza una larga vida, es evidente que los hijos desobedientes a menudo pueden acortar sus vidas por acciones necias e irresponsables.

Hoy, tenemos estadísticas sobre el número creciente de jóvenes que mueren en accidentes automovilísticos porque conducen bajo la influencia del alcohol. Hay aquellos que mueren porque consumen drogas. De hecho, hay jóvenes que están en prisión, no por apretar el gatillo y matar a alguien, sino porque estaban ahí cuando sucedió, por lo que se les acusó de complicidad.

Entonces, hay algunas razones muy prácticas para obedecer. De hecho, cuando los hijos son respetuosos y obedientes, la mayoría de los padres está más que dispuesta a confiar en ellos y a darles mucha más libertad que a quienes son rencorosos, polémicos, irrespetuosos y rebeldes. Esto siempre ha sido cierto, en tiempos de Moisés, de Pablo y en nuestro mundo actual.

¿Cuáles son algunos de los beneficios prácticos que experimentas al honrar a tus padres?

PRINCIPIO PARA VIVIR
HONRA A TUS PADRES

Para ser ejemplo en tu conducta, debes hacer todo lo posible para honrar a tus padres sin violar la voluntad de Dios.

ALGO QUE NO PUEDO RECUPERAR

Recuerdo (Kenton) una conversación que tuve con mi papá cuando tenía 16 o 17 años. Él estaba intentando mantener una conversación conmigo para saber cómo iba mi vida. Después de una serie de preguntas y respuestas cortas, me giré hacia él y le dije algo como: "Papá, es demasiado tarde, así que realmente no te necesito en mi vida. No estuviste mientras crecía y no te necesito ahora, excepto por la comida y el hospedaje que me das".

Papá es pastor y siempre ha habido personas que necesitan su ayuda. Ahora comprendo cuán difícil fue hallar el equilibrio entre pasar tiempo con la familia y suplir las necesidades de las personas de la iglesia. Cuando fui joven, experimenté dolor y decepción, debido a su agenda apretada. Sin embargo, no merecía el ataque verbal que recibió aquel día de mi parte.

Cuando me preguntó cómo iba todo, tuve la oportunidad de hablar con él sobre el dolor que sentía. Era un problema real, pero no comuniqué mis sentimientos con respeto, sino que la emprendí contra él. Estaba enojado y lo culpé, en lugar de hablar sobre mi dolor y decepción de forma más sensible. En retrospectiva, no honré a mi papá en esa conversación, lo rechacé, y fui arrogante y desconsiderado. Sin embargo, él fue compasivo y no se puso a la defensiva.

¿Qué tipo de conversaciones tienes con tus padres?

ADELANTAR... EL MISMO PROBLEMA, DISTINTA CONVERSACIÓN Y DISTINTO RESULTADO

Ahora, avanzo unos 13 años. Mi esposa, mi mamá, mi papá y yo estábamos sentados en la sala de mi casa, y reflexionábamos sobre el programa de trabajo de mi papá y el efecto que tenía en nuestra relación.

Durante la conversación, él expresó su arrepentimiento y dolor por algunas decisiones que había tomado respecto al manejo de su tiempo. Dijo que ahora estaba tomando decisiones distintas y tratando de priorizar nuestra relación. Le dije que sabía que había hecho lo mejor que podía y que había decidido de la mejor manera en ese momento. Entonces, me dijo que estaba tratando de "compensar" por sus decisiones pasadas que habían dañado nuestra relación. Francamente, ¡me enojé!

Mi mamá notó mi reacción, así que me preguntó qué pensaba y sentía. En lugar de responder de forma irrespetuosa, comuniqué mis pensamientos y sentimientos con cuidado. Simplemente dije que quería disfrutar el tiempo con papá en el presente porque él quería pasar tiempo conmigo, no por tratar de "compensar" el pasado.

Él oyó y escuchó mi corazón, validó mi perspectiva y dijo que entendía que me sintiera así, que siempre anhelaba pasar tiempo conmigo y conversar, simplemente porque éramos padre e hijo. Esa conversación fue dura, franca y sincera, pero fue muy distinta a la que tuvimos 13 años atrás. Nos hablamos con compasión y escuchamos las respuestas de cada uno.

¡No me malinterpretes! Papá *sí* siente cierto dolor al pensar en el pasado y, de hecho, desearía poder regresar en el tiempo y deshacer algunas decisiones que tomó, al igual que yo desearía poder deshacer mis comentarios arrogantes y egoístas cuando fui adolescente. Sin embargo, lo más importante es que nos honramos mutuamente al escuchar y reconocer el corazón del otro en nuestra relación actual.

¿Cómo puedes mejorar tu comunicación con tus padres?

INTÉNTALO

¿Qué tanto escuchas a tus padres? ¿Qué tan bien y tan rápido obedeces sus peticiones? ¿Cuál es tu actitud durante las conversaciones? ¿Pones los ojos en blanco? ¿Reaccionas a la defensiva?

Una forma de comenzar a honrar a tus padres es expresarles que los aprecias. Puedes hacerlo al decirles "gracias". Podría ser algo así:

> Papá, he estado pensando en lo mucho que trabajas para sostener nuestra familia. Imagino que hay días en los que preferirías dormir o hacer otra cosa, pero no lo haces. Gracias, te amo.

> Mamá, gracias por hacer la cena. Aprecio que lo hagas todos los días. Imagino que a veces preferirías descansar al final de un largo día, pero no lo haces, sino que preparas los alimentos para todos y trabajas para asegurarte de que yo esté bien. Lo aprecio mucho, y te amo.

Algunos probablemente dirán: "No conoces a mis padres. Es imposible que pueda decirles eso". Bien, de acuerdo. Comienza por algo. Recuerda: Dios manda que obedezcas a tus padres y los honres. Él te dará fuerza para amarlos. ¡Quizás sus corazones cambien cuando lo hagas! Pídele ayuda e ¡inténtalo!

¿Cómo puedes expresarles aprecio a tus padres? ¿Cómo puedes obedecerles mejor y con la actitud correcta?

POSDATA DE PAPÁ

Recuerdo bien esas conversaciones. Sí, fueron dolorosas, pero necesarias. Como ocurre con tantos padres, si tuviera que vivir esos años de crianza de mis hijos de nuevo, haría las cosas de otra forma. Como pastor, había momentos en los que estaba tan preocupado por las necesidades de otras personas que desatendía a quienes tenía más cerca. Tomé malas decisiones porque incluso quienes tenían grandes necesidades habrían entendido mis prioridades familiares, si se las hubiera explicado y les hubiera pedido posponer alguna respuesta inmediata.

¡No me malinterpretes! A veces, debemos actuar de inmediato como pastores. Por ejemplo, cuando hay un accidente de tráfico fatal, o incluso ante una muerte repentina e inesperada. Nuestros hijos entienden las crisis, si establecemos relaciones familiares correctas todo el tiempo. Francamente, cuando vuelvo a pensar al respecto, hubo muchas veces en las que no establecí mis prioridades de forma apropiada.

Cuando Kenton dijo que no quería que intentara "compensar" los errores del pasado, sino que simplemente "estuviera a su lado en el presente", se encendió una luz en mi alma. Recuerdo que pensé: *¿Por qué no pensé en eso?*

Es verdad que hay una línea muy delgada entre los dos pensamientos, pero hay una gran diferencia en el motivo: ¡el primer pensamiento se enfocaba en *mi error*; el segundo, en *mi hijo*! Eso marca una diferencia abismal. Gracias, Kenton, por abrir tu corazón y ser sincero.

UNIDAD 5

Ama como Cristo amó

No permitas que nadie te subestime por ser joven.
Sé un ejemplo para todos los creyentes en lo que dices,
en la forma en que vives, en tu amor, tu fe...
1 TIMOTEO 4:12

Este es el reto más asombroso que Timoteo enfrentó como joven. La Biblia enseña que Dios es amor, lo cual reveló y modeló Jesucristo cuando vino a este mundo y murió por nuestros pecados en la cruz (ver 1 Juan 4:18; Juan 3:16). Además, ¡las Escrituras también enseñan que debemos amarnos unos a otros como Él nos amó! ¡Tremendo! ¿Cómo es posible? Los siguientes capítulos te llevarán algunos pasos más cerca de entender y poner en práctica el mayor de todos los mandamientos. Descubrirás también tres principios dinámicos para vivir.

13

Experimenta el amor de Dios

PRINCIPIO PARA VIVIR

Para modelarles amor a otros, debes entender y experimentar el amor de Dios y apoyarte en su poder sobrenatural mediante el Espíritu Santo que habita en ti.

Uno de los mayores retos que tuve (Gene) que enfrentar fue demostrar el amor de Cristo cuando un pirómano incendió las oficinas de nuestra iglesia y destruyó las bibliotecas personales de 15 pastores, incluyendo la mía. De hecho, no quedó nada en mi oficina, excepto un montón de cenizas. Perdí al menos 40 Biblias que yo utilizaba y con las que había enseñado durante muchos años, incluso la primera que adquirí cuando me volví cristiano a los 16 años. Había escrito algunas palabras muy significativas en la primera página: "Tan solo una vida, y pronto pasará; ¡solamente lo que se ha hecho para Cristo perdurará!". Sin duda, ver cómo ardía en llamas todo lo que había, hizo que ese mensaje cobrara vida en mi experiencia personal.

Como pastor principal, tenía la responsabilidad de liderar a una congregación muy alborotada que debía afrontar esa tragedia y después perdonar al hombre que hizo aquello tan horrible. Tristemente, ese hombre estaba enojado debido a sus propios problemas morales que estaban en conflicto con la enseñanza y la verdad bíblicas. ¿Cómo podía dirigir a esos creyentes a perdonarlo si yo mismo no había tomado ese paso? Mientras me preparaba para enfrentar a la congregación, pensé en las palabras que Jesús compartió en el Sermón del Monte:

> Han oído la ley que dice: *"Ama a tu prójimo"* y *odia a tu enemigo.* Pero yo digo: *¡ama a tus enemigos! ¡Ora por los que te persiguen!...* Si *perdonas a los que pecan contra ti,* tu Padre celestial *te perdonará a ti* (Mateo 5:43-44; 6:14).

Aunque estaba enojado con ese hombre y con lo que había hecho (con razón), traté de verlo a través de los ojos de Jesús. Sabía que debía amarlo y perdonarlo antes de llevar a otros a hacer lo mismo. Fue durante aquella prueba tan difícil que Dios me ayudó de modo sobrenatural a amar a mi enemigo, a un hombre que estaba lleno de odio y confusión, y que necesitaba experimentar el amor de Dios con desesperación.

No me malinterpretes. También le pedí a la congregación que orara por justicia, ya que fue un acto delictivo y él necesitaba enfrentarse ante quienes debían hacer cumplir la ley. Sin embargo, no significaba que no pudiéramos perdonarlo, y orar por su arrepentimiento y salvación. Cuando lo hicimos, también recordamos las instrucciones de Pablo:

> Queridos amigos, nunca tomen venganza. Dejen que se encargue la justa ira de Dios. Pues dicen las Escrituras: «*Yo tomaré venganza; yo les pagaré lo que se merecen*», dice el Señor... No dejen que el mal los venza, más bien venzan el mal haciendo el bien (Romanos 12:19, 21).

EL MAYOR OBJETIVO

"El propósito de mi instrucción es que todos los creyentes sean llenos del amor que brota de un corazón puro, de una conciencia limpia y de una fe sincera" (1 Timoteo 1:5).

Estas son las palabras de Pablo en el primer párrafo de su primera carta a Timoteo, donde le recordaba que debía tener un propósito o meta mayor: animar a todos los creyentes a tener una vida de amor hacia Dios y los demás, incluso hacia sus enemigos. Para demostrarlo, explicó brevemente tres elementos que crean este tipo de motivación sincera.

1. Debemos tener un "corazón puro" (1 Timoteo 1:5b) que refleje el amor de Cristo en cada aspecto de nuestras relaciones. Pablo lo llamó el fruto del Espíritu Santo, que describe en su carta a los gálatas: "En cambio, la clase de fruto que el Espíritu Santo produce en nuestras vidas es: amor, alegría, paz, paciencia, gentileza, bondad, fidelidad, humildad y control propio. ¡No existen leyes contra esas cosas!" (Gálatas 5:22-23).

2. El amor semejante al de Cristo viene de una "buena conciencia" (1 Timoteo 1:5c). Si afirmamos ser sus seguidores y aun así, violamos la voluntad de Dios, experimentaremos varias emociones negativas: culpa, remordimiento y vergüenza. Cuando esto sucede, es muy difícil amar a otros como Él nos amó. De hecho, si no tenemos esas emociones negativas cuando quebrantamos su voluntad, podemos tener lo que Pablo describió más adelante como una "conciencia" que está "muerta" (ver 1 Timoteo 4:2).

Entonces, ya no respondemos a la convicción del Espíritu Santo porque ¡nuestros corazones se han endurecido!

3. Un amor como el de Jesucristo viene de una "fe sincera" (1 Timoteo 1:5b). Timoteo trataba con hombres en Éfeso que *no* eran sinceros en su fe, sino que enseñaban "especulaciones sin sentido", en lugar del plan de Dios, que produce un amor semejante al de Cristo (1 Timoteo 1:4).

¿Puedes identificarte con el reto de Timoteo? ¿Cómo te sentirías? No es de sorprender que se sintiera intimidado, ¿quién no? Era más joven que la mayoría de las personas que debía confrontar. Sin embargo, debía hacerlo al "ser un ejemplo... en su amor" (1 Timoteo 4:12).

¿Has conocido alguna vez a alguien que habla de amor pero no lo vive? Si es así, ¿cómo te hizo sentir?

FUERZA SOBRENATURAL

Definitivamente, Timoteo necesitaba fuerza sobrenatural para enseñar sobre el amor pero, en especial, para ser ejemplo en amor. Imagina cuán animado se debió sentir cuando leyó la oración de Pablo por los cristianos efesios y se apropió de ésta:

> Cuando pienso en todo esto, caigo de rodillas y elevo una oración al Padre, el Creador de todo lo que existe en el cielo y en la tierra. Pido en oración que, de sus gloriosos e inagotables recursos, los *fortalezca con poder* en el ser interior por medio de su Espíritu. Entonces Cristo habitará en el corazón de ustedes a medida que confíen en él. Echarán *raíces profundas en el amor de Dios*, y ellas los mantendrán fuertes. Espero que puedan comprender, como corresponde a todo el pueblo de Dios, cuán ancho, cuán largo, cuán alto y cuán profundo es su amor. Es mi deseo que experimenten *el amor de Cristo, aun cuando es demasiado grande para comprenderlo todo*. Entonces serán completos con *toda la plenitud de la vida y el poder que proviene de Dios* (Efesios 3:14-19).

El amor de Dios

Sin duda, la oración del apóstol se aplica a todos los creyentes. Timoteo mismo se habría animado a medida que leía estas palabras divinas, las cuales salieron de la pluma de Pablo, mediante la inspiración del Espíritu Santo. Su leal padre en la fe oraba por él para que pudiera experimentar el amor de Dios.

La plenitud de Dios

Nota otra verdad maravillosa en la oración del apóstol: la única manera de poder amar a otros como Cristo nos amó es entender y experimentar cada vez más cuán grande es su amor por nosotros. Ser llenos de "la plenitud de Dios" significa estar llenos de su amor con el fin de ayudar a otros a experimentar y a reflejar este amor divino en sus propias vidas.

El poder de Dios

Pablo también dejó claro que no podemos amar como Cristo amó en nuestras propias fuerzas. Sin embargo, con la ayuda de Dios, podemos permitir que Él ame a los demás por medio de nosotros. Podemos ser fortalecidos con poder "en el ser interior por medio de su Espíritu".

> **PRINCIPIO PARA VIVIR**
> **UNA EXPERIENCIA SOBRENATURAL**
>
> **Para modelarles amor a otros, debes entender y experimentar el amor de Dios y apoyarte en su poder sobrenatural mediante el Espíritu Santo que habita en ti.**

EXPERIMENTAR A DIOS... LA FIDELIDAD DE TIMOTEO

Papá ya explicó que Timoteo enfrentaba un reto inmenso en Éfeso: era joven, soltero y fácil de intimidar. Además, estaba solo porque Pablo se había ido a otro lugar. Sin embargo, se le encomendó lo que parecía una tarea imposible: liderar a la iglesia efesia. Debía enseñarles a hombres y mujeres mayores que él, y ayudarles a cambiar su forma de vida, a moldear sus actitudes y creencias para que se amaran unos a otros y buscaran a Dios.

¿Qué crees que le dio la fuerza a Timoteo para liderar? ¿Por qué siguió adelante cuando enfrentó oposición y egoísmo de parte de los creyentes efesios, en particular, de quienes no eran maduros y aun así, querían estar en el liderazgo?

Solo podemos especular sobre la relación de este joven con Dios, la cual le dio la fuerza necesaria y le permitió aguantar hasta el final. Quizá era su tiempo en oración, como Daniel (ver Daniel 6:10), meditar en las cartas de Pablo o pasar tiempo con sus amigos más cercanos en Éfeso, quienes lo animaban a permanecer firme. Probablemente, experimentó una combinación de estos elementos. Sin embargo, ¡una cosa es segura! No se dio por vencido y enfrentó la adversidad. Sabemos que el Espíritu Santo lo fortaleció y le dio poder especial para permanecer fiel.

EXPERIMENTAR A DIOS... ¿Y TÚ QUÉ?

¿A dónde vas para relacionarte con Dios y experimentar su amor? ¿Te relacionas con Él al pasar tiempo en su Palabra? ¿Con amigos cristianos? ¿En la iglesia al escuchar la Palabra que predican? ¿Durante la adoración? ¿Cuando sirves a otros, como en viajes misioneros o en actividades evangelísticas? O, ¿en un lugar y un ambiente específico?

Todas esas experiencias pueden ayudarnos a conocer el amor de Dios y a sentir su poder. Para mí, uno de los mejores momentos para conectarme con mi Padre celestial es cuando estoy en las montañas porque mis sentidos se avivan. Puedo respirar el aire fresco y limpio, experimentar la soledad de una pradera situada entre pinares, maravillarme por la grandeza de un pico rocoso, la belleza de las flores silvestres en plena floración o por el poder y la fuerza de una tormenta. Allí veo quién es Dios y recuerdo su amor por mí. También, recuerdo la carta de Pablo a los romanos, cuando escribió:

> Pues, desde la creación del mundo, todos han visto los cielos y la tierra. Por medio de todo lo que Dios hizo, ellos pueden ver a simple vista las cualidades invisibles de Dios: su poder eterno y su naturaleza divina (Romanos 1:20).

¡Piénsalo! En la pradera, el Señor conoce la ubicación de cada ratón de campo, serpiente, ave, ciervo, brizna de hierba y de cada trucha en cierta ladera de la montaña y en cierto río. Él creó un pedazo de cielo en la tierra, y me da esos momentos como un regalo y testimonio de quién es. Puedo experimentar destellos de su poder, creatividad, fuerza, interés y amor mediante su creación.

En esos momentos, también recuerdo que nuestro tiempo en la tierra es corto. Las montañas y las praderas fueron creadas mucho antes de que yo naciera y seguirán ahí mucho después de que me haya ido, así que Dios trasciende mi vida. Sin embargo, sé por medio de las Escrituras que Él quiere una relación personal conmigo y contigo.

Mientras estoy aquí sentado en Dallas y escribo estas palabras en mi computadora, puedo mirar por la ventana y ver un roble que le sirve de refugio y descanso a varios mirlos. No tengo a las montañas como telón de fondo, sino autos que recorren la calle y llevan a las personas a sus destinos para que puedan realizar la siguiente tarea de su lista. Sin embargo, puedo imaginar las montañas, leer las Escrituras y recordar el amor de Dios.

Hoy, tómate tiempo para mirar a tu alrededor. ¿Dónde ves al Señor mostrándote su amor? Está allí y te muestra su cuidado e interés. Asegúrate de aminorar el ritmo lo suficiente para depender y obtener tu fuerza de Él.

UN PASO PRÁCTICO

Cada día, toma tiempo para reconocer el amor de Dios y llenar tu alma, de modo que puedas dar lo que Él te da de forma gratuita. Dedica un momento para escribir el nombre de un amigo o conocido que el Señor traiga a tu mente. ¿Qué necesidad puedes suplir o qué palabra alentadora puedes darle? En otras palabras, ¿cómo puedes compartir su amor con esa persona? ¡Quizás el Espíritu Santo te recuerde a alguien que ni siquiera te cae bien!

UN RETO FINAL

Memoriza el siguiente versículo, el cual describe nuestra Fuente de fortaleza más importante para experimentar y dar a conocer el amor sobrenatural del Señor. Pablo escribió estas palabras como cierre de la oración que acabamos de leer:

> Y ahora, que toda la gloria sea para Dios, quien puede lograr mucho más de lo que pudiéramos pedir o incluso imaginar mediante su gran poder, que actúa en nosotros. ¡Gloria a él en la iglesia y en Cristo Jesús por todas las generaciones desde hoy y para siempre! Amén (Efesios 3:20-21).

14

Practica un amor semejante al de Cristo

PRINCIPIO PARA VIVIR

Para amar a los demás como Cristo te amó, debes demostrar el fruto del Espíritu Santo.

Hace varios años, alguien me regaló (Gene) un librito que marcó mi vida. Solo tenía un mensaje escrito por un gran ministro cristiano llamado Henry Drummond, quien vivió y sirvió durante el siglo XIX.

Ese texto se centraba en la definición que dio Pablo sobre el amor en su primera carta a los corintios. Después, lo publicaron y lo titularon como *El amor: Lo más grande del mundo*. El autor llamó a estas cualidades "el espectro del amor" y su mensaje se basó en un solo párrafo de esta carta a los corintios, que veremos en un momento.

AFRODITA, ¡LA "DIOSA DEL AMOR"!

Timoteo estaba con Pablo en Corinto cuando se fundó la iglesia en esa ciudad, así que conocía bien a esas personas, incluyendo sus problemas espirituales y morales. Antes de convertirse en creyentes, la mayoría adoraba a Afrodita, "la diosa del amor". Por lo tanto, los corintios estaban entre las personas más inmorales del imperio romano. En una época determinada, casi 1000 prostitutas de los templos desfilaron por la ciudad y se pusieron a disposición de los demás, como parte de la adoración pagana a Afrodita.

Cuando se fundó esa iglesia, Timoteo vio cómo muchas de esas personas paganas e inmorales pusieron su fe en Jesucristo, no en dioses falsos. También vio sus luchas cuando comenzaron a entender el amor verdadero, que siempre habían asociado con muchas clases de actitudes y actividades sexuales. Como este joven era muy conocido entre los cristianos corintios, Pablo lo envió, junto con la carta, para recordarles la definición divina del amor (ver 1 Corintios 4:14-17).

AMOR SEMEJANTE AL DE CRISTO

El centro de las enseñanzas de Pablo en esta carta a los corintios es el amor semejante al de Cristo, al cual llamó "la mayor" de todas las virtudes cristianas (1 Corintios 13:13). Cuando Timoteo llegó a Corinto en representación del apóstol, abrió el rollo y leyó un párrafo muy poderoso que define el amor de manera muy práctica:

> El amor es paciente y bondadoso. El amor no es celoso ni fan farrón ni orgulloso ni ofensivo. No exige que las cosas se hagan a su manera. No se irrita ni lleva un registro de las ofensas recibidas. No se alegra de la injusticia sino que se alegra cuando la verdad triunfa (1 Corintios 13:4-6).

Como dije anteriormente, el Dr. Drummond llamó a este tipo de amor "lo más grande del mundo". Al ver cada concepto que Pablo utilizó para describirlo, ¡podemos entender por qué lo hizo!

¿Qué tan paciente eres con los demás?

El amor es paciente

¿Has orado alguna vez: "Señor, dame paciencia, ¡pero dámela *ya*!"? En serio, no es fácil ser paciente, y sin embargo es uno de los reflejos principales del amor. Jesucristo es el ejemplo supremo, incluso hacia quienes lo llevaron a la muerte. Cuando entendemos cómo es un amor semejante al suyo, nos esforzamos por ser pacientes con la ayuda de Dios, en particular en nuestras relaciones con los demás.

El amor es bondadoso

El amor que refleja "paciencia" nos hace *esperar* antes de actuar. Sin embargo, la "bondad" refleja aquellas cosas que hacemos para ayudar a los demás. De nuevo, Jesús es nuestro modelo, pues pasó la mayor parte de su vida haciendo cosas para ayudar a otros: alimentó a los pobres, sanó a los enfermos y consoló a quienes estaban tristes. Cuando reflejamos ese tipo de amor semejante al suyo, somos bondadosos con los demás.

¿Qué tan bondadoso eres con los demás?

El amor no tiene envidia

Este era un problema entre los cristianos en Corinto. Pablo se refirió a esta falta de amor en la carta, cuando escribió que había entre ellos "celos y peleas" (1 Corintios 3:3). Otra palabra para "envidia" es "celos".

Casi todos vivimos en sociedades muy competitivas. De hecho, es la base de la mayoría de deportes. En el mundo de los negocios, las personas compiten por obtener empleos y posiciones. Es parte de la vida. Sin embargo, ¿cómo podemos amar a los demás sin egoísmo y, a la vez, vivir en este mundo competitivo?

Con la ayuda de Cristo, es posible, incluso cuando hacemos lo que podemos y utilizamos todos nuestros talentos y capacidades. Es posible incluso cuando velamos por nuestros propios intereses. Debemos seguir el ejemplo de Cristo, lo cual Pablo expresó de la siguiente manera:

> No sean egoístas; no traten de impresionar a nadie. Sean humildes, es decir, considerando a los demás como mejores que ustedes. No se ocupen *solo de sus propios intereses*, sino también procuren *interesarse en los demás* (Filipenses 2:3-4).

¿Estás más interesado en otros que en ti mismo?

El amor no es fanfarrón ni orgulloso

La humildad verdadera también es un reflejo del amor de Cristo, quien "aunque era Dios, no consideró que el ser igual a Dios fuera algo a lo cual aferrarse" (Filipenses 2:6). Como escribió Pablo: "Se humilló a sí mismo en obediencia a Dios y murió en una cruz" (v. 8).

¿Sigues el ejemplo de Cristo en tus relaciones diarias?

El amor no actúa de forma inadecuada

Quizás el apóstol estaba pensando en la forma en que los corintios se comportaban en la Cena del Señor. Verás, la comunión (como la conocemos actualmente) se asociaba con una comida en la iglesia primitiva, por lo que el "pan" y la "copa" eran parte de la misma. Tristemente, los corintios eran tan mundanos que comían y bebían en exceso (era la continuación de su comportamiento en los templos paganos). Para decirlo de otro modo, su conducta era vergonzosa e inadecuada.

El amor no es egoísta

Jesús dijo que no había venido "para que le sirvieran, sino para servir a otros y para dar su vida en rescate por muchos" (Mateo 20:28). Es el ejemplo definitivo de generosidad.

¿Qué áreas de tu vida tienden a ser vergonzosas y deshonrosas para el mensaje del amor de Cristo?

No me malinterpretes. Como Pablo nos recordó, todos tenemos "nuestros propios intereses" (Filipenses 2:4). Sin embargo, cuando nos enfocamos en nosotros mismos, podemos llegar a obsesionarnos con servirnos, en vez de servirles a otros. Por eso, el apóstol les escribió a los gálatas y les exhortó: "Usen la libertad para servirse unos a otros por amor" (Gálatas 5:13).

Timoteo ya había aprendido a demostrar esta cualidad del amor. De hecho, cuando Pablo estuvo en la cárcel, lo elogió en gran manera en la carta a los filipenses, lo cual demuestra por qué confiaba en él respecto a esas responsabilidades ministeriales tan pesadas:

> Si el Señor Jesús quiere, espero enviarles pronto a Timoteo para que los visite. Así él puede animarme al traerme noticias de cómo están. No cuento con nadie como Timoteo, quien *se preocupa genuinamente por el bienestar de ustedes*. Todos los demás *solo se ocupan de sí mismos* y no de lo que es importante para Jesucristo, pero ustedes saben cómo Timoteo *ha dado muestras de lo que es*. Como un hijo con su padre, él ha servido a mi lado en la predicación de la Buena Noticia (Filipenses 2:19-22).

Si Pablo escribiera una carta sobre ti que estuviera dirigida a otras personas, ¿cómo describiría tu carácter?

El amor no se irrita

El apóstol se refería a la ira fuera de control, de la cual hablamos en el capítulo 7. La ira no es pecado, pero puede volverse pecaminosa con facilidad cuando somos irascibles y permitimos que se convierta en amargura. De hecho, Timoteo trató este problema espiritual con los efesios cuando leyó en la carta dirigida a ellos:

> «*No pequen al dejar que el enojo los controle*». No permitan que el sol se ponga mientras siguen enojados, porque el enojo da lugar al diablo (Efesios 4:26-27).

Cuando amamos como Cristo lo hizo, debemos procurar mantener bajo control a esta emoción creada por Dios. Y si violamos su voluntad, debemos pedir perdón en seguida, la cual es otra gran verdad que Timoteo trató cuando siguió leyendo la carta a los efesios:

> Líbrense de toda amargura, furia, enojo, palabras ásperas, calumnias y toda clase de mala conducta. Por el contrario, sean amables unos con otros, sean de buen corazón, y perdónense unos a otros, tal como Dios los ha perdonado a ustedes por medio de Cristo (Efesios 4:31-32).

¿Estás dejando que tu ira se vuelva pecaminosa?

El amor no lleva un registro de las ofensas recibidas

Al no perdonar, no reflejamos esta cualidad del amor porque guardamos rencor y permitimos que el sol se ponga sobre nuestro enojo. Esto no quiere decir que podamos quitar de nuestra memoria todas las ofensas que hemos recibido, sino que al enojarnos, no debemos volvernos vengativos ni permitir que la maldad se convierta en la base de nuestra respuesta. No debemos dejar "que el mal nos venza", sino vencer "el mal haciendo el bien" (Romanos 12:21).

¿Albergas resentimiento contra otra persona y buscas la oportunidad de vengarte?

El amor se goza en la verdad

La cualidad del amor que Pablo describió con esta frase tiene dos dimensiones: por una parte, cuando reflejamos un amor semejante al de Cristo, vencemos la tentación de alegrarnos cuando alguien sufre, fracasa o es víctima de algún rumor doloroso; por otro lado, nos alegramos cuando la verdad prevalece. Como dijo Jesús, ¡"la verdad los hará libres" (Juan 8:32)!

¿Tienes un sentimiento de satisfacción o alegría cuando alguien tiene problemas? O, ¿te entristece?

EL FRUTO DEL ESPÍRITU SANTO

A medida que reflexionas sobre esta definición del amor, compara esas cualidades con lo que el apóstol describió como "el fruto del Espíritu" en su carta a los gálatas. El "amor" se menciona en primer lugar, y algunos creen que las demás son una explicación de cómo se manifiesta esta cualidad cuando vivimos en el Espíritu:

> La clase de fruto que el Espíritu Santo produce en nuestra vida es: amor, alegría, paz, paciencia, gentileza, bondad, fidelidad, humildad y control propio. ¡No existen leyes contra esas cosas! (Gálatas 5:22-23).

PRINCIPIO PARA VIVIR
AMOR SEMEJANTE AL DE CRISTO

Para amar a los demás como Cristo te amó, debes demostrar el fruto del Espíritu Santo.

RECUERDA... DIOS AÚN SIGUE TRABAJANDO EN NOSOTROS

Al leer lo que papá ha escrito en este capítulo, ¡recuerdo que Dios no ha terminado conmigo! Hay días en los que me siento bastante bien con la forma en que demuestro estas cualidades. Sin embargo, hay otros en los que encuentro difícil incluso mirar la lista porque sé que me he equivocado. Por eso, necesito recordar y releer las palabras que Pablo les escribió a los filipenses:

> Y estoy seguro de que Dios, quien comenzó la buena obra en ustedes, la continuará hasta que quede completamente terminada el día que Cristo Jesús vuelva (Filipenses 1:6).

El Señor sigue formando nuestro carácter. No sé tú, pero cuando me encuentro con una persona hiriente, mis primeros pensamientos y respuestas no son normalmente la descripción del amor del Señor. Por lo tanto, necesitamos la ayuda del Espíritu Santo para vivir fielmente. Él sigue trabajando en nuestros corazones y vidas, incluso cuando parece abrumador e imposible responder a las personas de manera amorosa.

¡PASO A PASO!

Recuerdo la historia del educador y filósofo Loren Eiseley sobre un niño que llegó a una playa. Un día, subió la marea, retrocedió y dejó estrellas de mar dispersas hasta donde se podía ver.

El niño quedó destrozado y comprendió que morirían si alguien no hacía algo. Comenzó a recogerlas una a una y a lanzarlas al océano. Mientras trabajaba en amor, el señor Eiseley le preguntó qué hacía.

—Señor, la marea subió y retrocedió, por lo que dejó a estas estrellas de mar en la playa y morirán, a menos que regresen al océano. ¿Quiere ayudarme? —le respondió el niño.

—Hijo, ¿no ves todas estas estrellas? Hay miles dispersas por toda la playa en kilómetros. No es posible que marques ninguna diferencia —le dijo el hombre mientras lo miraba fijamente.

—¡Acabo de marcar la diferencia para esta estrella! —le dijo el niño después de agacharse, recoger una y lanzarla al océano.

El mundo quiere decirnos que nadie puede vivir en amor tal como lo describe el apóstol Pablo. Dicen que la tarea es muy grande y difícil, por lo que nadie puede hacerla. Seré sincero: hay muchos días en que parece que es así y sencillamente, no *quiero* hacerla.

Sin embargo, Dios no nos llama a rendirnos. La verdad es que no podemos hacerlo en nuestras fuerzas, necesitamos su ayuda. Debemos preguntarnos: *¿Voy a ser el chico que trabajó fielmente en una tarea abrumadora? O, ¿seré el hombre que ve la inmensidad de la tarea y dice que no se puede hacer?* Solo recuerda: si decidimos ser como el chico, hay un Hombre que puede ayudarnos y no nos va a desanimar. Su nombre es Jesús y dice que es posible, porque prometió darnos la fuerza necesaria. Nos va a dar más de lo que podríamos pedir o imaginar si somos fieles a su Palabra y a su llamado. Así que no te rindas. ¡Camina paso a paso!

UNA RESPUESTA PERSONAL

Para evaluar si estás practicando un amor semejante al de Cristo con tu familia, amigos e incluso enemigos, utiliza la siguiente lista.

Pon una marca (√) en la característica en la que estás progresando y una X en la que más se te dificulta reflejar el amor de Cristo (nota: asegúrate de reconocer cuando estás progresando, ¡recuerda que nadie es perfecto!).

- ❑ El amor es paciente.
- ❑ El amor es bondadoso.
- ❑ El amor no tiene envidia.

- ❑ El amor no es fanfarrón ni orgulloso.
- ❑ El amor no actúa de forma inadecuada.
- ❑ El amor no es egoísta.
- ❑ El amor no se irrita.
- ❑ El amor no lleva un registro de las ofensas recibidas.
- ❑ El amor no se alegra de la injusticia sino que se alegra cuando la verdad triunfa.

UN PASO FINAL

No te desanimes al repasar esta lista final, más bien señala la cualidad en la que más quieres mejorar y habla de ese deseo con alguien que pueda orar contigo y por ti: un amigo cercano, uno de tus padres, un pastor de jóvenes u otro adulto de confianza.

15

Ámense unos a otros

PRINCIPIO PARA VIVIR

Para comunicar el mensaje del evangelio de forma eficaz y poderosa, debes amar a los demás como Cristo te amó, al demostrar que Él vino del Padre para permitir que las personas sean salvas.

¿Te has preguntado alguna vez cómo sería ver a Jesús hacer milagros? ¿Y si hubieras podido estar en las bodas en Caná, donde convirtió litros de agua en vino? Imagina verlo sanar a un paralítico que nunca había caminado, abrir los ojos de un mendigo ciego que nunca había visto la luz del día y ¡levantar a Lázaro de la muerte! O verlo multiplicar de forma milagrosa cinco panes y dos peces pequeños para alimentar a miles de personas. Al día siguiente, lo verías caminar sobre las olas turbulentas del mar de Galilea y ¡calmar una fuerte tormenta con una simple orden!

¡Surge una pregunta que debería captar tu atención! ¿Y si Jesús te dijera que puedes ser parte de un milagro tan grande que convencerá a las personas de que en verdad Jesús es uno con el Padre, que vino de Él y que al creerle, pueden tener vida eterna? ¡El hecho es que puedes ser parte de ese milagro! El Señor oró por ti y le pidió a Dios Padre que te permitiera ser parte única de este plan. Sigue en sintonía y descubrirás cómo puede suceder.

TIMOTEO Y EL APÓSTOL JUAN

Igual que tú y yo, Timoteo tampoco tuvo el privilegio de hablar con Jesús cara a cara y verlo hacer milagros. Sin embargo, es probable que con el paso del tiempo, hubiera conocido al apóstol Juan, quien sí tuvo la experiencia. Según algunos padres de la iglesia primitiva (quienes vivieron después del período del Nuevo Testamento), Juan pasó sus últimos años en Éfeso, donde también ministraba este joven y recibió las cartas personales de Pablo (1 y 2 Timoteo).

No estamos seguros de cuándo se pudieron haber reunido, ya que Juan vivió más de 90 años. Sin embargo, imagina la escena. Timoteo sin duda le habría preguntado muchas cosas:

- ¿Cómo fue caminar y hablar con Jesús?
- ¿Cómo te sentiste cuando Jesús caminó sobre el agua y calmó la tormenta?
- ¿Cuándo supiste por primera vez que Jesús verdaderamente era Dios en cuerpo humano?
- ¿Cuándo entendiste que vino a morir por los pecados del mundo?
- ¿Cómo te sentiste cuando tú y Pedro recibieron poder para sanar a un paralítico en el templo, después de que Jesús regresara al cielo?

LA CENA DE LA PASCUA

Si sucedió esa reunión, podemos estar seguros de que Juan le respondió todas las preguntas a Timoteo y que le contó cuál fue el acontecimiento asombroso en el que empezó a entender lo que realmente significaba amar a los demás como Cristo nos amó a todos. Fue poco antes de que clavaran al Salvador en la cruz. Los 12 discípulos estaban con Él en Jerusalén, cuando se reunieron en un aposento alto para celebrar la cena anual de la Pascua judía. Ninguno entendía lo que estaba a punto de sucederle al Señor. Aunque Él les había dicho que iba a morir pronto, no lo aceptaban.

Actitudes ventajosas

Incluso después de andar tres años con Él, aquellos hombres aún no entendían por qué había venido al mundo, aunque había hecho milagro tras milagro. De hecho, puede que Juan tuviera lágrimas en los ojos al decirle a Timoteo que él y su hermano Santiago seguían peleando por el poder en esa cena final de la Pascua. En aquel momento, todavía creían que Jesús iba a convertirse en el rey en Israel y los liberaría del gobierno romano. Al imaginarlo sentado en su trono, en Jerusalén, Santiago (el mayor) quería estar a su derecha y Juan, a la izquierda. De hecho, incluso en esa reunión final, cuando les explicó que iba a derramar su sangre por ellos, *todos* los apóstoles comenzaron a discutir sobre quién sería el mayor (ver Lucas 22:24). ¡Qué recuerdo tan vergonzoso!

Una experiencia humillante

Jesús les había encargado con anterioridad a Pedro y a Juan que hicieran los preparativos para la Pascua (ver Lucas 22:7). Puede que Juan sonriera entre lágrimas al decirle a Timoteo que habían preparado el recipiente y la toalla, pero que habían olvidado encargarle a un sirviente que les lavara los pies. Quizás confesara: "¿Puedes creer que Jesús esperó con paciencia hasta la mitad de la cena para darnos la oportunidad de que alguno se ofreciera como voluntario para servir? Ninguno lo hizo, así que Él realizó esa tarea tan humillante".

"¡Pero hay más!" —continuó Juan, mientras Timoteo escuchaba asombrado—. "Después de aquella experiencia, nos hizo una pregunta muy vergonzosa, con una respuesta mucho más directa". Juan cita ahora las palabras de Jesús:

> ¿Entienden lo que acabo de hacer? Ustedes me llaman "Maestro" y "Señor" y tienen razón, porque es lo que soy. Y, dado que yo, su Señor y Maestro, les he lavado los pies, ustedes deben lavarse los pies unos a otros. Les di mi ejemplo para que lo sigan. Hagan lo mismo que yo he hecho con ustedes (Juan 13:12b-15).

Un mandamiento nuevo

Sin duda, le habría dicho a Timoteo que durante esa experiencia increíble en el aposento alto, comenzó a aprender una de las lecciones más valiosas: el significado y el propósito verdadero de mostrar un amor semejante al de Cristo. Él dijo tres veces: "Ámense unos a otros", después de aquel acto humillante de lavarles los pies:

> Así que ahora les doy un nuevo mandamiento: *ámense unos a otros* (Juan 13:34a).

> Tal como yo los he amado, ustedes deben *amarse unos a otros* (Juan 13:34b).

> *El amor que tengan unos por otros* será la prueba ante el mundo de que son mis discípulos (Juan 13:35).

Juan y los demás discípulos entendían el "mandamiento antiguo" (la ley de Moisés) pero, sin duda, no comprendían este "mandamiento nuevo" porque eran hombres egoístas que solo pensaban en sus propias posiciones y en lo que creían, en ese momento, que sería el reino terrenal de Cristo. Sin embargo, Él les ayudó a entender qué era amarse unos a otros mediante su acto de servicio, cuando les lavó los pies. Y si se amaban unos a otros como Él los había amado, demostrarían a todos que eran discípulos y seguidores de quien "los amó hasta el final" (Juan 13:1b).

HOMBRES TRANSFORMADOS

Después de la muerte, resurrección y ascensión de Cristo, todos esos hombres (excepto Judas, quien lo traicionó) fueron transformados y empezaron a entender mejor *por qué* había venido al mundo. De hecho, Santiago, hermano de Juan, murió como mártir debido a su amor devoto por Cristo y por sus enemigos. Juan quedó vivo y al final, lo desterraron durante un tiempo a la isla de Patmos, donde escribió el libro de Apocalipsis. Cuando lo liberaron, pasó aparentemente sus últimos años en Éfeso.

En ese período, escribió tres cartas cortas que llamamos 1, 2 y 3 Juan. En la primera, el apóstol, ya anciano, explicó con claridad cuál era el significado fundamental del amor verdadero, algo que no entendió durante su increíble experiencia en el aposento alto, casi 60 años atrás, pero que ya comprendía. Por lo tanto, escribió las siguientes palabras:

> Conocemos lo que es el amor verdadero, porque Jesús entregó su vida por nosotros. De manera que nosotros también tenemos que dar la vida por nuestros hermanos (1 Juan 3:16).

AMOR Y UNIDAD

Desde luego, Timoteo aprendió otra gran lección sobre el amor, gracias a Pablo y Juan. Después de la experiencia en el aposento alto, Jesús se dirigió al huerto de Getsemaní. Esa noche, antes de que Judas lo traicionara, oró por los apóstoles y por todos nosotros. Su petición tenía que ver con los frutos de su amor (unicidad y unidad), y queda evidente en estas palabras:

> No te pido solo por estos discípulos, sino también por todos los que creerán en mí por el mensaje de ellos [todos los creyentes]. Te pido que *todos sean uno*, así como tú y yo somos uno, es decir, como tú estás en mí, Padre, y yo estoy en ti. Y que ellos *estén en nosotros, para que el mundo crea que tú me enviaste* (Juan 17:20-21).

Verás, Jesús iba a ascender al cielo después de su resurrección. Sin embargo, quería que esos hombres (y nosotros) nos amáramos unos a otros como Él lo hizo con el fin de revelarle al mundo quién era Él y por qué había venido. Era uno con el Padre y quería que fuéramos (y seamos) uno para reflejarles a los demás que Él es el Salvador del mundo. Esto quiere decir que tú puedes ser parte de una comunidad de creyentes que puede demostrarles a los incrédulos cuál es el propósito de los milagros de Jesús: convencerlos de que sí provino del Padre, fue uno con Él y vino para salvarlos, si creen que Él es el Hijo de Dios. El amor y la unidad entre los creyentes es el milagro principal que Él quiere utilizar en la actualidad y tú *puedes* ser parte de ese milagro.

PRINCIPIO PARA VIVIR
ÁMENSE UNOS A OTROS

Para comunicar el mensaje del evangelio de forma eficaz y poderosa, debes amar a los demás como Cristo te amó, al demostrar que Él vino del Padre para permitir que las personas sean salvas.

DA A CONOCER TU FE

Si has estado en la iglesia por mucho tiempo, estoy seguro de que has oído mensajes sobre ser testigo. Después de todo, Jesús dijo: "Por lo tanto, vayan y hagan discípulos de todas las naciones" (Mateo 28:19), lo cual incluye a las personas con las que vamos a la escuela, practicamos deportes y trabajamos. Si eres como nosotros, a menudo has tenido un sentimiento de responsabilidad, e incluso de culpa ¡porque parece una tarea enorme! Entonces puede convertirse en una carga, en vez de una bendición.

Todos nos hemos sentido así. Sin embargo, olvidamos lo que Jesús les enseñó a Santiago, a Juan, y a los discípulos en la cena de Pascua y camino al huerto de Getsemaní: Dios no nos ha llamado a cumplir esta responsabilidad solos o únicamente con nuestras palabras. Más bien, debemos demostrar quién es Jesús a través del amor que tenemos unos por otros y de la unicidad que se crea. Este es el milagro que quiere utilizar para convencer a las personas de que su Hijo es el Salvador del mundo y todos podemos participar de ese milagro que, a su vez, nos capacita a todos para hablar de las buenas nuevas de salvación.

Sin embargo, a menudo hay un problema. Nos resulta fácil relacionarnos con nuestro pequeño círculo de amigos, pero fácilmente podemos excluir a otros. Si no tenemos cuidado, podemos crear grupos cerrados. Si eso sucede, tu grupo de jóvenes va a carecer de amor y unidad, de modo que cuando tus amigos que no son salvos los visiten, van a sentir esas divisiones y la falta de interés por otros.

¿Cómo puedes ayudar a tus amigos a ser parte de este milagro de amor y unidad?

Jesús oró por el milagro de que pudiéramos ser uno, así como Él es uno con el Padre, pero hoy no es como debería ser. Pero cuando sucede, somos parte de ese milagro. Demostramos el poder de Dios y el mensaje del evangelio junto con otros. Entonces, lo damos a conocer, y el Espíritu Santo utiliza nuestro amor y palabras para convencer a las personas de que también necesitan un Salvador. Incluso si alguien más comunica el mensaje, sigues siendo parte de ese milagro al ayudar a que alguien acuda a Cristo. ¡Él oró por eso!

ESCRITURAS SOBRE EL AMOR Y LA UNIDAD

Los siguientes versículos que escogimos se dividen en dos categorías: el mandamiento de Jesús sobre *amarnos unos a otros* y su oración por *unicidad* y *unidad*. A medida que reflexionas, pídele a Dios que te ayude a poner en práctica estas verdades bíblicas en la relación que tienes con tus amigos.

El poder del amor

- "Ama a tu prójimo como a ti mismo" (Santiago 2:8).
- "Lo más importante de todo es que sigan demostrando profundo amor unos a otros, porque el amor cubre gran cantidad de pecados" (1 Pedro 4:8).
- "Ya que Dios nos amó tanto, sin duda nosotros también debemos amarnos unos a otros" (1 Juan 4:11).
- "Sean siempre humildes y amables. Sean pacientes unos con otros y tolérense las faltas por amor" (Efesios 4:2).
- "Le pido a Dios que el amor de ustedes desborde cada vez más y que sigan creciendo en conocimiento y entendimiento" (Filipenses 1:9).

El poder de la unidad

- "Que Dios, quien da esa paciencia y ese ánimo, los ayude a vivir en plena armonía unos con otros, como corresponde a los seguidores de Cristo Jesús. Entonces todos ustedes podrán unirse en una sola voz para dar alabanza y gloria a Dios, el Padre de nuestro Señor Jesucristo" (Romanos 15:5-6).
- "Amados hermanos, les ruego por la autoridad de nuestro Señor Jesucristo que vivan en armonía los unos con los otros. Que no haya divisiones en la iglesia. Por el contrario, sean todos de un mismo parecer, unidos en pensamiento y propósito" (1 Corintios 1:10).

UNIDAD 6

Desarrolla tu fe

No permitas que nadie te subestime por ser joven.
Sé un ejemplo para todos los creyentes en lo que dices,
en la forma en que vives, en tu amor, tu fe...
1 TIMOTEO 4:12

La palabra "fe" se utiliza aproximadamente 250 veces en el Nuevo Testamento y se puede referir a tres aspectos importantes:

1. "Fe salvadora": la forma en que somos salvos.
2. "La fe": lo que creemos.
3. "Fe viva": cómo debemos vivir.

Verás la importancia de desarrollar estos tres tipos de fe en los tres capítulos siguientes y además descubrirás tres principios dinámicos para vivir.

16

Experimenta la fe salvadora

PRINCIPIO PARA VIVIR

Para ser ejemplo en fe, debes entender y creer que eres salvo por gracia mediante la fe, no por obras.

Casi todos hemos oído sobre Martín Lutero, quien fue una persona muy importante en el lanzamiento de la gran Reforma del siglo XVI. Lo comprendamos o no, es un movimiento que ha influido en casi todos de forma impresionante.

Lutero era monje y maestro de la Biblia. Era muy sincero e intentaba hacer lo posible por ser un hombre recto ante Dios. Quería guardar los Diez Mandamientos a la perfección, pero al igual que nosotros, ¡no pudo! Por lo tanto, se sintió terriblemente culpable y muy preocupado por su relación eterna con Dios. De hecho, se sintió aterrado cuando leyó sobre la justicia de Dios (su perfección) porque se dio cuenta de que no estaba a la altura de la santidad Dios, y supo que a pesar de creer en la Biblia y en Jesucristo, seguía siendo un pecador que no alcanzaba las exigencias perfectas de Dios. Entonces, ¿cómo podía ser salvo?

En realidad, su terror se convirtió en odio hacia Dios, pero un día, el Espíritu Santo abrió su corazón y entendió que nuestros fracasos humanos son el motivo por el cual Jesucristo vino a este mundo. No podemos ganar nuestra salvación. Solo podemos ser rectos o perfectos ante los ojos de Dios por la fe, cuando recibimos el regalo gratuito de salvación que Dios ofrece a todo el que cree en la muerte y resurrección de Cristo. Martín Lutero comprendió por primera vez el mensaje completo de la carta a los romanos y aunque les había enseñado el siguiente versículo a otros, hasta entonces no lo entendió:

> Pues la paga que deja el pecado es la muerte, pero el *regalo que Dios da* es *la vida eterna* por medio de Cristo Jesús nuestro Señor (Romanos 6:23).

Como entendió y creyó esta gran verdad, escribió que había "nacido de nuevo" y que su conciencia estaba en paz. En vez de vivir cada día con ansiedad y enojo, estaba seguro de su salvación. Entonces, Dios lo usó para ayudar a millones y millones de personas a entender la "fe salvadora".

LA PERSPECTIVA DE TIMOTEO

Como mencionamos antes, quizás Timoteo tuviera acceso a una copia de la carta que Pablo les escribió a los romanos. Y si no fue así, sin duda conocía el contenido de la misma, ya que estaba en Corinto cuando el apóstol la redactó. Además, entendía claramente lo que Martín Lutero *no* comprendió durante muchos años de su vida.

Para entender la "fe salvadora", es importante leer lo que Pablo escribió en la primera parte de la carta. Después de describir la condición pecaminosa de todas las personas (judías y gentiles), escribió: "Dios nos ha mostrado cómo podemos ser justos ante él... cuando ponemos nuestra fe en Jesucristo. Y eso es verdad para todo el que cree, sea quien fuere" (Romanos 3:21-22). Aquí, no solo utilizó la palabra "fe", sino también "creer", la cual también se empleó aproximadamente 250 veces en el Nuevo Testamento y tiene el mismo significado que "fe". De hecho, el apóstol Juan la escribió casi 100 veces en su Evangelio. Casi siempre, lo hizo para describir la *fe salvadora*. Por ejemplo, notemos ese versículo maravilloso en Juan 3:

> Pues Dios amó tanto al mundo que dio a su único Hijo, para que todo el que *crea* [tenga fe] en él no se pierda, sino que tenga vida eterna (Juan 3:16).

"Declarado justo"

En su carta a los romanos, Pablo dejó muy claro que ninguna persona se ha salvado por otro medio distinto a la fe, así que mencionó a Abraham, quien vivió cientos de años antes de que naciera Jesucristo. Aunque este patriarca del Antiguo Testamento no entendió plenamente el plan redentor de Dios, "creyó" lo que Dios le prometió cuando le dijo que él y su esposa Sara tendrían un hijo en su vejez. Desde nuestro punto de vista privilegiado, sabemos que eso significaba que nacería Jesús y sería el Salvador del mundo a través de él y de su hijo Isaac. Como "creyó" en la promesa del Señor, Dios mismo lo salvó o lo "declaró justo". Ser "justificado" ante los ojos de Dios es otra expresión que utilizamos para describir la experiencia de salvación (ver Romanos 4:1-3) y significa que Dios nos ve perfectos, no porque seamos capaces de vivir así, sino porque Jesucristo se convirtió en *el sacrificio perfecto*. Cuando creemos con sinceridad que Jesús murió por nuestros pecados, somos salvos o "declarados justos", y perfectos ante los ojos de Dios porque su Hijo pagó por todas nuestras faltas pasadas, presentes y futuras. A eso se refería Pablo cuando escribió:

> Por lo tanto, ya que fuimos *declarados justos a los ojos de Dios por medio de la fe*, tenemos *paz con Dios* gracias a lo que Jesucristo nuestro Señor hizo por nosotros (Romanos 5:1).

"Paz con Dios"

Tener "paz con Dios" significa que nuestro Padre celestial ya no ve nuestros pecados como algo que nos separa de su santidad perfecta, lo cual sucede cuando somos "declarados justos por medio de la fe". No quiere decir que no vamos a pecar de nuevo, sino que como Jesucristo (el Hijo de Dios perfecto) tomó nuestro lugar cuando murió, su sangre nos sigue limpiando de todos nuestros pecados: los del pasado, los que están en nuestra vida presente y los que cometeremos en el futuro (ver Juan 1:9).

De hecho, como el Señor es omnisciente y lo sabe todo, ya nos ve "glorificados" (ver Romanos 8:29-30), lo cual significa que ya estamos sentados "con él en los lugares celestiales, porque estamos unidos a Cristo Jesús" (Efesios 2:6).

El regalo gratuito de Dios

Ser "declarado justo" significa que la salvación es un regalo gratuito, lo cual implica que no podemos ganarnos la vida eterna por hacer buenas obras. Cuando Martín Lutero entendió esta gran verdad, "nació de nuevo", como él mismo escribió. Podemos estar seguros de que Timoteo hizo que este mensaje les quedara muy claro a los efesios al leerles el rollo que Pablo escribió:

> Porque por *gracia* ustedes han sido salvados *mediante la fe*; esto no procede de ustedes, sino que *es el regalo de Dios, no por obras*, para que nadie se jacte (Efesios 2:8-9, NVI).

UNA EXPERIENCIA PERSONAL

De joven, (Gene) crecí en una secta religiosa relativamente pequeña, así que no entendía esta verdad maravillosa. Los líderes de la iglesia nos enseñaron que teníamos "paz con Dios" cuando confesábamos nuestros pecados, tratábamos de hacer las cosas bien y teníamos una vida buena, con la esperanza de poder ir al cielo, después de morir. Afortunadamente, mis padres comenzaron a entender la "fe salvadora" cuando escucharon buena enseñanza bíblica por radio, así que comprendí que la salvación era un regalo de Dios cuando recibí a Cristo por fe a los 16 años. Sin embargo, seguía confundido, pues creía que debía tener una vida buena para conservar mi salvación.

Podrás imaginarte mis altibajos, pues sentía que estaba en una montaña rusa espiritual y emocional. Cuando creía que estaba a la altura del principio de rectitud de Dios, me *sentía* salvo. Al fallarle, me *sentía* perdido. Todo esto fue una experiencia muy frustrante y deprimente, hasta que un día recibí la seguridad de mi salvación mientras leía la carta a los romanos y comencé a entender mejor la "fe salvadora". Eso cambió mi vida. Hablaré más acerca de esto en los capítulos siguientes.

PRINCIPIO PARA VIVIR
FE SALVADORA

Para ser ejemplo en fe, debes entender y creer que eres salvo por gracia mediante la fe, no por obras.

LA VERDAD QUE MUCHOS RECHAZAN

Cuando yo (Kenton) estaba en sexto grado, asistí a un seminario durante un fin de semana junto con mi grupo de jóvenes. El apologeta y escritor cristiano Josh McDowell era el orador. Aunque no recuerdo la mayor parte de lo que dijo (lo siento, Josh), me acuerdo de una ilustración poderosa que Dios usó como una señal en mi vida. Se trataba de una serie de diapositivas que mostraba que todas las principales religiones del mundo se basan en un sistema de creencias relacionado con diversas personas. Sin embargo, las religiones permanecerían si uno llegara a quitar a sus fundadores. Por ejemplo, el budismo no depende de Buda ni el islam de Mahoma, así como el judaísmo no depende de Moisés.

Josh ilustró esta idea al utilizar edificios que representaban esos sistemas de creencias. Puso el nombre de cada fundador en cada construcción y después, quitó los nombres de los edificios. Ninguno se colapsó.

Entonces, ilustró al cristianismo con otro edificio. Al igual que con las demás religiones, puso el nombre de Jesucristo allí y demostró que si quitamos su nombre, el edificio se derrumba. No solo es el fundamento de la construcción, sino también la base de nuestra fe, porque únicamente Él nos puede salvar. Cuando el apóstol Tomás le preguntó al Señor cuál era el camino al cielo, Jesús le respondió con estas profundas palabras:

> Yo soy el camino, la verdad y la vida; nadie puede ir al Padre si no es por medio de mí (Juan 14:6).

Nunca olvidaré esa ilustración. Aunque era un niño de 11 años, me ayudó a entender de una manera nueva cuál era la importancia de la centralidad de Cristo para el cristianismo. Josh me ayudó a ver que todas las demás religiones del mundo se basan en la creencia de que el hombre puede arreglar el problema del pecado, pero la Biblia enseña que *solo* Jesús puede hacerlo, porque murió por nosotros al ser el Hijo perfecto de Dios. Pablo lo expresó de la siguiente manera:

> Al que no conoció pecado, por nosotros lo hizo pecado, para que nosotros fuésemos hechos justicia de Dios en él (2 Corintios 5:21, RVR-60).

DOS PREGUNTAS IMPORTANTES

Esto nos lleva a plantear dos preguntas importantes. ¿Confías en que puedes resolver el problema del pecado en tu vida? O, ¿crees y aceptas que Dios, en su amoroso carácter, lo solucionó al enviar a Cristo a morir por tus pecados y a resucitar de la muerte?

La segunda pregunta es la verdadera, es así de sencillo... sin embargo, muchos la rechazan. Mi oración es que esta ilustración te dé una idea más clara, así como me la dio a mí, para ayudarte a entender que la salvación solo se obtiene por gracia mediante la fe en Jesucristo y no puede ganarse por tus propios esfuerzos, como enseñan las otras religiones.

¿Has recibido el regalo de Dios al creer que Jesucristo murió por tus pecados y resucitó para darte vida eterna?

UNA ORACIÓN PERSONAL

De nuevo, te presentamos una oración que te puede ayudar a estar seguro de que tienes fe salvadora:

> *Querido Padre, aunque puedo hacer muchas cosas buenas, confieso que nunca puedo hacer lo suficiente para ganar la salvación. Ahora creo que puedo tener vida eterna desde este momento, al recibir este regalo maravilloso por fe. Ahora creo que tu Hijo perfecto, Jesucristo, murió por todos*

mis pecados pasados, presentes y futuros. Creo también que resucitaste de la tumba y, como tú vives, puedo vivir eternamente contigo en el cielo. Sin embargo, quiero que sepas que al recibir este regalo maravilloso, mi deseo es hacer todo el bien posible para expresarte mi profundo agradecimiento por tu gracia y misericordia. Ayúdame a vivir cada vez más en tu voluntad perfecta. En el nombre de Jesús, amén.

17

Desarrolla la fe que cree

PRINCIPIO PARA VIVIR

Para ser ejemplo en fe, debes entender y creer las enseñanzas básicas del Nuevo Testamento sobre Jesucristo.

¿Te han preguntado alguna vez cuál es tu fe? En muchos casos, quieren saber a qué grupo religioso perteneces o con cuál te relacionas. Por ejemplo, puede que te pregunten si eres bautista, metodista, presbiteriano, católico romano, mormón, testigo de Jehová, hindú, budista o musulmán.

Estos grupos aún no existían cuando se escribió el Nuevo Testamento. Sin embargo, ¡había personas que tenían diversos sistemas de creencias, los cuales no estaban a la altura de lo que el Espíritu Santo reveló sobre Jesucristo! Por lo tanto, cuando Pablo desafió a Timoteo al decirle: "Sé un ejemplo... en tu fe" (1 Timoteo 4:12), en parte, consistía en demostrar con su vida lo que creía sobre el Señor.

LA HISTORIA COMPLETA

Después que Jesús ascendió al cielo y el Espíritu Santo llegó en el día de Pentecostés (ver Hechos 2), los apóstoles comenzaron a hablar sobre las buenas nuevas de la muerte y la resurrección de Cristo en la ciudad de Jerusalén. No es de sorprender que muchos líderes judíos se opusieran a su predicación. De hecho, inmediatamente después de la resurrección, algunos soldados romanos les informaron a los sacerdotes principales que habían visto cómo un ángel glorioso y resplandeciente retiraba la piedra pesada que había frente a la tumba de Jesús, así que ¡Él no estaba allí, estaba vacía!

Esas *no* eran buenas noticias para ellos, por lo que tramaron un plan engañoso en medio de su pánico. Les dieron una gran cantidad de dinero a los soldados y les ordenaron que mintieran: que le informaran a todo el mundo que los discípulos de Cristo habían llegado durante la noche y se habían llevado el cuerpo, mientras ellos dormían profundamente (ver Mateo 28:11-13). De hecho, esta "mentira" se ha perpetuado de diversas maneras durante siglos, aunque nunca encontraron el cadáver de Jesús descompuesto. Incluso, quienes aceptan los hechos históricos de que vivió y murió pero niegan que resucitó, no tienen alguna respuesta satisfactoria respecto a su cuerpo, que nunca se encontró. Quienes conocemos y aceptamos toda la historia de Jesús, ¡creemos que está vivo y regresó al cielo!

Cuando vi la obra teatral *Jesucristo Superestrella*, noté que el autor incluyó muchos hechos correctos sobre su vida y muerte. Sin embargo, era muy evidente que omitió su resurrección al final de este drama de alta energía. Desde luego, los actores no contaron la historia completa que nos permite ser salvos. Como Pablo les escribió a los corintios: "Y si Cristo no ha resucitado, entonces *la fe de ustedes* es inútil, y todavía son culpables de sus pecados" (1 Corintios 15:17).

¿Qué les dirías a las personas que afirman ser cristianas, pero no creen que Jesús resucitó?

RESPONDER A "LA FE"

Es comprensible que muchos líderes judíos negaran las enseñanzas de los seguidores de Jesucristo cuando comenzaron a proclamar el mensaje de resurrección. Sin embargo, un buen número de sacerdotes entendieron que habían cometido un grave error al haberlo rechazado como Mesías y no podían seguir negando los hechos. Comprendieron que la profecía de David en el Salmo 16 se refería al Cristo resucitado que se les había aparecido a Pedro, a los otros apóstoles y a cierto número de hombres y mujeres que habían sido discípulos de Cristo (ver Hechos 2:25-28). Lucas registró lo siguiente en el libro de Hechos:

> Y la palabra de Dios se difundía: el número de los discípulos aumentaba considerablemente en Jerusalén, e incluso *muchos de los sacerdotes* obedecían *a la fe* (Hechos 6:7, NVI).

El escritor utilizó la frase "la fe" para referirse a lo que esos líderes judíos creyeron sobre Jesucristo. Él era (y es) el Mesías prometido, a quien crucificaron, sepultaron y después, resucitó de la tumba, ascendió al cielo y regresará de nuevo, tal como dijo que lo haría.

LA CONVERSIÓN DE PABLO

El testimonio personal de Pablo es uno de los más grandes relatos de conversión en la historia cristiana. Antes de creer, era muy conocido por perseguir a los discípulos de Cristo. De hecho, Pablo [entonces llamado Saulo] aprobó la muerte de Esteban por apedreamiento (ver Hechos 7:1-60), después que Esteban proclamara el plan redentor de Dios ante los líderes judíos en Jerusalén, comenzando con la historia de Abraham.

Ese fue solo el inicio de las actividades criminales de Pablo (ver Hechos 8:1-3), pero Dios tenía otro plan. Mientras Pablo iba camino a Damasco para capturar a los judíos que habían creído que Jesús era el Mesías, el Salvador le habló desde el cielo (ver Hechos 9:4-5). El apóstol escribió sobre su encuentro personal en la carta a los gálatas, pues los creyentes de todas partes hablaban sobre su experiencia de conversión y decían: "El que antes nos perseguía ahora predica *la fe* que procuraba destruir" (Gálatas 1:23, NVI). De nuevo, el término "la fe" se refiere al mensaje del evangelio sobre la muerte, sepultura y resurrección de Jesucristo.

Cuando Judas escribió la breve carta que aparece en nuestra Biblia justo antes del libro de Apocalipsis, ayudó a entender el reto que Pablo le propuso a Timoteo, y a todos nosotros en la actualidad:

> Debo escribirles sobre otro tema para rogarles que defiendan *la fe* que Dios ha confiado una vez y para siempre a su pueblo santo [a todos los cristianos] (Judas 1:3).

¿Qué dirías si alguien te pidiera que compartieras lo que crees como cristiano?

PRINCIPIO PARA VIVIR
LO QUE CREEMOS

Para ser ejemplo en fe, debes entender y creer las enseñanzas básicas del Nuevo Testamento sobre Jesucristo.

ENSEÑANZAS BÁSICAS DE LA FE CRISTIANA

Hay varias verdades bíblicas que Dios quiere que entendamos y pongamos en práctica en nuestras vidas. Sin embargo, vamos a presentarte algunas que son fundamentales para explicar "la fe", las cuales se expresan de modo sencillo y con cuidado, y reflejan lo que Timoteo creía y enseñaba:

- Dios es tres personas (Padre, Hijo y Espíritu Santo), y sin embargo un solo Dios.

- El Padre envió a su Hijo Jesucristo para morir por los pecados de todas las personas.
- Jesucristo era Dios encarnado y vivió sin pecado para ser el sacrificio perfecto por nuestros pecados.
- Como el sacrificio perfecto, Jesús decidió morir y pagar el castigo de todos.
- Jesucristo resucitó de la tumba y permitió que tuviéramos vida eterna en el presente y por siempre.
- Cuando regresó al cielo, Dios envió al Espíritu Santo para que habitara en cualquiera que recibiera el regalo de la vida eterna, gracias a la muerte y resurrección de Cristo.
- Solo podemos ser salvos cuando por gracia mediante la fe recibimos el regalo gratuito de la vida eterna.
- Cuando hemos recibido el regalo de la vida eterna, somos capaces de vivir cada vez más como Jesucristo, si seguimos la dirección del Espíritu Santo que habita en nosotros.

¿QUIÉN ES JESUCRISTO?

En el capítulo anterior, señalamos que el cristianismo bíblico se desmoronaría sin Jesús. Esto es cierto porque Él es el Cristo resucitado y vivo. Todos los líderes religiosos desarrollaron y enseñaron lo que creían que era una "manera de vivir", pero no eran "el camino, la verdad y la vida" (Juan 14:6). Estos líderes no resucitaron cuando murieron; en cambio, ¡Jesucristo sí lo hizo! Además, ¡siempre existió en "la forma de Dios", incluso antes de venir a la tierra! (Filipenses 2:6)

UNA HISTORIA DRAMÁTICA (JUAN 9)

Hay una historia maravillosa en el Evangelio de Juan sobre un hombre que era ciego de nacimiento. Jesús puso barro en sus ojos y le dijo que fuera a lavarse al estanque de Siloé. Cuando lo hizo, recibió sanidad de forma milagrosa.

Al regresar, se encontró con sus vecinos, a quienes veía por primera vez. Ellos estaban asombrados y le preguntaron qué había sucedido. Él les explicó simplemente que un "*hombre* llamado Jesús" le había sanado (Juan 9:11).

Después, los fariseos le preguntaron qué tenía que decir sobre ese Jesús que él decía que le había sanado. Esa era una pregunta diferente. Al pensarlo mejor, respondió que creía que debía ser "un *profeta*" (v. 17).

Como no era lo que deseaban oír, rechazaron su respuesta y lo acusaron de mentir sobre su ceguera. Sin embargo, cuando hablaron con sus padres, verificaron que era su hijo y que había nacido ciego. Por tanto, le pidieron al hombre que les explicara lo que había sucedido y, una vez más, les contó su historia. Pero cuando les oyó decir que no creían que Jesús hubiera venido de Dios, dijo: "Si este hombre no viniera *de parte de Dios*, no habría podido hacerlo" (v. 33).

En ese punto, los líderes religiosos estaban tan enojados que, literalmente, lo expulsaron del templo. Entonces Jesús lo halló y le preguntó: "¿Crees en el Hijo del Hombre?" (v. 35). Al verlo por primera vez, clamó: "¡Sí, Señor, creo!" (v. 38), y demostró su creencia al adorar a Jesucristo.

Sin duda, es una historia fascinante y dramática, porque puedes ver el desarrollo de la fe del hombre cuando creyó las siguientes verdades sobre Jesús:

- Jesús era un *hombre*.
- Jesús era un *profeta*.
- Jesús venía *de parte de Dios*.
- Jesús *era Dios*, lo cual demostró con su adoración.

De nuevo, quisiéramos hacerte la pregunta: *¿Quién crees que es Jesús?* Hay quienes piensan que fue un buen hombre, un gran maestro e incluso un gran profeta. Desde luego, fue todas esas cosas, pero ¿cómo podía afirmar que era Dios si no lo *era*?

C. S. Lewis también era un "hombre ciego" a nivel espiritual. De hecho, afirmaba ser ateo, pero comenzó a estudiar cuidadosamente lo que Jesús enseñó sobre sí mismo. Finalmente, concluyó que si un hombre afirmaba ser Dios y no lo era, o bien estaba loco o era un gran engañador. Sin duda, no sería un hombre bueno ni un maestro, ni un profeta confiable. Al igual que el ciego en Jerusalén, Lewis creyó que Jesús era quien afirmaba ser: Dios hecho hombre. Por eso, ¡el mensaje verdadero del cristianismo en la Biblia depende de Él! Si lo quitamos de esta historia divina, ¡deja de ser la historia cristiana!

Entonces, ¿quién crees que es Jesús? Tu respuesta tiene consecuencias eternas. Juan las mostró al escribir las siguientes palabras:

> Los que creen en el Hijo de Dios tienen vida eterna. Los que no obedecen al Hijo nunca tendrán vida eterna, sino que permanecen bajo la ira del juicio de Dios (Juan 3:36).

En este capítulo, hemos escrito sobre "la fe" que se refiere a lo que creen los cristianos, sin importar cuál sea su iglesia o afiliación denominacional. Lo fundamental es que Jesucristo vino de parte de Dios, era Dios y vivió de forma perfecta, murió en la cruz por tus pecados, resucitó y ascendió para estar con el Padre. Después, envió al Espíritu Santo para que habitara en los corazones de todos los creyentes verdaderos y, algún día, regresará por ellos, para que estén con Él para siempre.

¿Eres uno de los que cree que Jesús es el Cristo, el Hijo de Dios? Si así es, ¡tienes vida eterna!

UNA PREGUNTA PARA DEBATIR

¿Por qué es ilógico, e incluso irracional, creer que Jesucristo fue un buen hombre y un gran maestro, y aún así no creer en sus afirmaciones sobre su divinidad?

18

Practica una fe viva

PRINCIPIO PARA VIVIR

Para ser ejemplo en fe, debes recurrir al poder de Dios mediante el Espíritu Santo y, al mismo tiempo, decidir evitar cualquier actitud y acto pecaminoso que impida que te enfoques en el Señor Jesucristo.

En una ocasión, (Gene) recuerdo haber escuchado a un líder cristiano muy conocido, el Dr. Francis Schaeffer, que daba un mensaje poderoso. Ahora, está en el cielo, pero me sigue influenciando. Aún recuerdo una pregunta que planteó y que me hizo detenerme y pensar:

> Si quitaras todas las referencias de la Biblia sobre *tener fe*, ¿habría alguna diferencia en la forma en que vives como cristiano?

Esta fue y sigue siendo una pregunta condenatoria. ¿Sabes por qué? En nuestra cultura, la tendencia es hacer todo por nuestra cuenta. Con frecuencia, nos enseñan que podemos lograr cualquier cosa que nuestra mente pueda concebir y creer. Cuando utilizan la palabra "creer" de esta manera, ¡sencillamente quieren decir "ten fe en ti mismo"! En otras palabras: "la verdad es que no necesitamos la ayuda de Dios porque ¡podemos hacer cualquier cosa!".

Debo confesar que, a menudo, tiendo a alcanzar mis metas y a resolver los problemas con mi propia sabiduría y habilidades, entonces no me apoyo en el Señor como debería. ¡Los seguidores de Jesucristo en la época del Nuevo Testamento entendieron con mayor claridad lo que significaba vivir por fe! Con frecuencia, los perseguían; a veces, no sabían de dónde saldría su próxima comida; a menudo, se burlaban de ellos y los ignoraban, así que *debían* confiar en Dios para sobrevivir. Lo mismo se puede decir de muchas personas que viven en otras partes del mundo en la actualidad.

Cuando Pablo estuvo en la cárcel, dejó un gran ejemplo cuando escribió a los filipenses y les dijo que no sabía si iba a morir o a vivir. Sin embargo, demostró una fe notable cuando les dijo: "Para mí, vivir significa vivir para Cristo y morir es aún mejor" (Filipenses 1:21).

¡No lo malinterpretes! No está mal tener seguridad y oportunidades para suplir nuestras necesidades, acumular cosas y alcanzar nuestras metas personales. De hecho, el apóstol exhortó a algunos tesalonicenses que eran perezosos: "Los que no están dispuestos a trabajar que tampoco coman" (2 Tesalonicenses 3:10).

El Señor honra la diligencia humana, así que mi reto es no olvidar nunca, ni siquiera por un momento, que lo necesito y debo confiar en Él a diario en cualquier asunto. ¿Y tú?

A medida que vives cada día, ¿con cuánta frecuencia te detienes y piensas en la presencia y en el poder de Dios en tu vida?

MIENTRAS TANTO, ¡DE REGRESO A ÉFESO!

Imagina de nuevo que estás con un grupo de cristianos en una "iglesia en casa" en Éfeso. Muchos de los presentes están pasando por un tiempo muy difícil. Algunos cambiaron de vocación, y ahora tienen necesidades financieras. Dos hombres que antes vendían altares de plata de Artemisa, diosa de la fertilidad a quien antes adoraban en el templo pagano, ya no lo hacen para ganarse la vida. Algunos dejaron de lucrarse con el interés en la adoración satánica y en la adivinación. A otros los rechazan sus vecinos por su fe en Cristo y a algunos los persiguen los políticos de la ciudad.

Timoteo habría sido muy consciente de sus necesidades personales, así que abrió la carta a los efesios y leyó la oración de Pablo para alentarlos:

> Por esta causa doblo mis rodillas ante el Padre de nuestro Señor Jesucristo, de quien toma nombre toda familia en los cielos y en la tierra, para que os dé, conforme a las riquezas de su gloria, *el ser fortalecidos con poder en el hombre interior por su Espíritu*; para que *habite Cristo por la fe en vuestros corazones* (Efesios 3:14-17a, RVR-1960).

Esta es una de las oraciones más poderosas y útiles del Nuevo Testamento para ayudarnos a desarrollar nuestra *fe viva*, sin importar nuestras circunstancias o dónde vivimos. Aunque el apóstol hizo esta oración por los efesios, tú puedes hacerla por ti y por otros.

DIOS HIJO

Lee esta oración con cuidado y piensa cómo se relaciona con la forma en que puedes vivir por fe en este momento de tu vida. Pablo oraba para que Jesús, el Mesías, pudiera habitar en los corazones de los cristianos efesios *mediante la fe*.

¿Cómo es posible? Después de la resurrección, el Señor tuvo cuerpo físico, así que los discípulos lo reconocieron y lo tocaron. También vieron cómo "fue levantado en una nube mientras ellos observaban, hasta que ya no pudieron verlo" (Hechos 1:9). De hecho, Pablo le recordó a Timoteo que "hay sólo un Dios y sólo un Mediador que puede reconciliar a la humanidad con Dios, y es *el hombre* Cristo Jesús" (1 Timoteo 2:5).

En otras palabras, en algún lugar de este vasto universo, Jesús representa a todos sus hijos ante Dios Padre en su cuerpo glorificado y resucitado. Si has experimentado la fe salvadora, Él es tu "gran Sumo Sacerdote que entró en el cielo" (Hebreos 4:14), el cual comprende todas tus debilidades, y ofrece su misericordia y gracia cuando oras (ver vv. 14-16).

Con frecuencia, animamos a las personas a que "inviten a Jesús para que entre en sus corazones" cuando les hablamos del mensaje de salvación. En especial, los niños pequeños tienen ideas muy distorsionadas al respecto y es comprensible que no parezca tener sentido, pues solo pueden visualizarlo por lo que han visto en imágenes. Incluso los adultos con poco trasfondo bíblico se confunden: ¿cómo puede un hombre, en este caso *uno que es perfecto*, habitar en el corazón de cada cristiano y, al mismo tiempo, estar con Dios en el cielo?

DIOS ESPÍRITU SANTO

Pablo respondió esta pregunta en la primera parte de su oración en Efesios 3:16 (RVR-1960): "Para que os dé, conforme a las riquezas de su gloria, el ser fortalecidos con poder en el hombre interior *por su Espíritu*". Cristo está en nuestros corazones mediante la persona del Espíritu Santo.

Cuando Jesús les dijo a sus discípulos poco antes de morir que se iba a prepararles un lugar (ver Juan 14:2), también les prometió que le pediría al Padre que enviara al Espíritu Santo para que estuviera con ellos por siempre (ver Juan 14:15-16). Cuando llegó el día de Pentecostés, esta promesa se cumplió en los corazones de quienes fueron testigos de su venida. En ese momento, Pedro les recordó a todos los que estaban en Jerusalén que el Espíritu no solo era un regalo para los apóstoles, sino para todos "los que han sido llamados por el Señor nuestro Dios" (Hechos 2:39).

Aunque manifiesta su presencia de diversas maneras en momentos y situaciones diferentes, una cosa es segura. Cuando recibimos al Señor Jesucristo como nuestro Salvador personal, el Espíritu Santo habita en nuestros corazones. Puede que ni siquiera seamos conscientes de su presencia, pero está ahí. Verás, Él es Cristo en nosotros (ver Colosenses 1:27).

FORTALEZA Y PODER DIARIOS

Revisemos la oración de Pablo. Si Cristo está en nuestros corazones mediante el Espíritu Santo desde que lo recibimos por fe, ¿por qué el apóstol oró por los efesios para que Cristo "habite *por la fe* en vuestros corazones" (Efesios 3:17, RVR-60)?

De nuevo, el autor respondió esta pregunta cuando se refirió a "ser fortalecidos con poder en el hombre interior [nuestro corazón] por su Espíritu". Experimentar "fe salvadora" es un hecho sobrenatural, así como "vivir por fe". Pablo oraba para que los creyentes en Éfeso pudieran ser conscientes de la presencia y el poder de Dios a cada momento, lo cual sucedería si seguían viviendo *por fe*.

Al explicar esta gran verdad, quizás Timoteo desenrolló el manuscrito hasta que llegó al final y leyó las siguientes palabras:

> Una palabra final: sean fuertes en el Señor y en su gran poder. Pónganse toda la armadura de Dios para poder mantenerse firmes contra todas las estrategias del diablo (Efesios 6:10-11).

Pablo utilizó la ilustración de un soldado romano que va a la batalla con la armadura puesta y describió la "fe viva" al asociar cada parte con una verdad espiritual:

> Además de todo eso, levanten el *escudo de la fe* para detener las flechas encendidas del diablo (Efesios 6:16).

PARTICIPAR EN UNA CARRERA

En verdad, vivir en Cristo por fe es una experiencia sobrenatural. Sin embargo, también implica responsabilidad humana y disciplina personal, pues Dios no nos obliga a que confiemos en Él, sino que nos dio la libertad de tomar decisiones. Cuando decidimos de forma correcta, nos ayuda a vivir en su perfecta voluntad.

Para ilustrar esta verdad, el autor de la carta a los hebreos utilizó la metáfora de un acontecimiento atlético: participar en una carrera.

No sabemos quién la escribió, pero Timoteo sí conoció al autor personalmente porque lo menciona en la bendición y en la despedida. Tiempo después, quizás tras la muerte de Pablo a manos del emperador romano, Timoteo también fue encarcelado por su fe en Jesucristo. Cuando liberaron a Timoteo, se dispuso a viajar con el escritor de Hebreos (quien ya había terminado la carta) a un lugar no identificado (ver Hebreos 13:23). Aunque ya no era un hombre joven, ¡Timoteo aún vivía por fe y participaba en la carrera de forma victoriosa! ¡Qué maravilloso ejemplo para todos!

Veamos con atención esta ilustración de la carrera atlética. Los corredores están en un estadio inmenso, rodeados de una gran multitud de personas que los animan. Observemos cómo coinciden la ilustración y su aplicación en nuestras vidas cristianas:

> Por lo tanto, ya que estamos rodeados por *una enorme multitud de testigos* de la vida de fe, *quitémonos todo peso* que nos impida correr, especialmente *el pecado* que tan fácilmente nos hace tropezar. Y corramos con perseverancia la carrera que Dios nos ha puesto por delante. Esto lo hacemos al *fijar la mirada en Jesús, el campeón que inicia y perfecciona nuestra fe.* Debido al gozo que le esperaba, Jesús soportó la cruz, sin importarle la vergüenza que ésta representaba. Ahora está sentado en el lugar de honor, junto al trono de Dios (Hebreos 12:1-2).

Quitarnos todo peso

Cuando los atletas participaban en los juegos romanos, se quitaban cualquier prenda que les impedía correr con rapidez, lo cual se aplica a cualquier pecado en nuestras vidas que no nos deje participar en la carrera espiritual de forma victoriosa y en la perfecta voluntad de Dios.

Fijar nuestra mirada en Jesús

Los atletas también fijaban su mirada en la meta, no miraban a la derecha ni a la izquierda. De igual manera, Jesucristo es nuestra meta y dejó el ejemplo, pues participó en la carrera de forma victoriosa. ¡Nosotros también podemos hacerlo con su ayuda!

Una enorme multitud de testigos

¿Quiénes conformaban la "enorme multitud de testigos"? Probablemente fueran los hombres y las mujeres que se describen en los párrafos anteriores (ver Hebreos 11:4-28). Eran personas que *vivieron por la fe*: creyentes del Antiguo Testamento como Abel, Enoc, Noé, Abraham, su esposa Sara y su hijo Isaac. También encontramos a José, Moisés y

Rahab, que fue una prostituta en Jericó. También mencionan a otros, aunque no por nombre propio, que vivieron en la época de Timoteo y fueron asesinados por causa de su testimonio sobre Jesucristo. Al final de esta lista, leemos:

> *Debido a su fe*, todas esas personas gozaron de una buena reputación (Hebreos 11:39a).

UNA EXPERIENCIA DE LA VIDA REAL

En una ocasión, mi esposa y yo (Gene) estuvimos en uno de los estadios de la Turquía actual, el cual tiene una configuración de 360°. Mientras estaba en uno de los asientos de piedra y miraba esa estructura tan asombrosa, reflexionaba en ese párrafo de Hebreos. En mi mente, podía ver a esa "enorme multitud de testigos" sentada en aquel círculo inmenso y a los corredores en la pista que se dirigían hacia la meta.

Esta parece ser la imagen en la mente del autor de la carta a los hebreos. Hace casi 2000 años, era una experiencia de la vida real para el autor e incluso para Timoteo. Quizás los dos se sentaron en un estadio parecido, vieron una carrera y notaron que todos los corredores se habían quitado cualquier prenda que les hiciera correr más lentamente, lo cual les recordó los pecados que cometemos y que nos impiden participar en la carrera espiritual de manera eficaz.

El autor de esta carta también observó que todos los corredores mantenían su vista fija en la meta. Por lo tanto, pensaron en Jesucristo y en su vida perfecta, la cual siempre debe ser *nuestra meta*, pues es quien "inicia y perfecciona nuestra fe" (Hebreos 12:2).

PRINCIPIO PARA VIVIR
VIVIR POR FE

Para ser ejemplo en fe, debes recurrir al poder de Dios mediante el Espíritu Santo y, al mismo tiempo, decidir evitar cualquier actitud y acto pecaminoso que impida que te enfoques en el Señor Jesucristo.

¿QUÉ ES UNA FE VIVA?

Me gustaría (Kenton) hablar sobre una idea errónea. Algunas personas creen que "vivir por fe" es dar un salto al vacío. Hay quienes lo llaman "fe ciega", pero ¡no es cierto! Veamos lo que escribió el autor de Hebreos antes de hablar sobre lo que a veces llamamos el "Salón de la fe":

> La fe es la confianza de que en verdad sucederá lo que esperamos; es lo que nos da la certeza de las cosas que no podemos ver (Hebreos 11:1).

Es verdad, puede parecer una fe ciega, o lo que algunos llaman "fe en la fe", o "fe sin datos". Sin embargo, Dios nunca funciona así, pues no nos pide que creamos algo que no se ha verificado, o que sea irracional y carezca de evidencia histórica.

Para aclarar esta idea, permíteme contarte una experiencia que tuve cuando viví en Colorado y fui miembro de un equipo de esquí alpino. Varios de los miembros fuimos a competir en una carrera de descenso al noroeste de Montana. El día de la carrera, había tanta niebla en la cumbre de la montaña que no se podía ver la primera entrada ni la segunda, hasta *después* de atravesar la anterior. Sin embargo, cuando llegó *mi momento* de comenzar la carrera, tuve que dejar la puerta de salida y lanzarme por la montaña y hacer el recorrido a velocidades de hasta 130 km/h.

El hecho es que sabía hacia dónde me dirigía, aunque no podía ver lo que había más adelante porque había examinado la ladera *y* memorizado el recorrido para visualizar cada giro y ubicación de cada puerta. En mi mente, podía ver lo que venía. Además, los miembros del comité de la carrera pusieron ramas de pino en el recorrido para que los competidores viéramos las curvas de la ladera y sus variaciones. Sin duda, no tenía una fe ciega cuando bajé desde lo alto de la montaña, aunque no podía ver con exactitud hacia dónde me dirigía.

Hubo otra dimensión de mi fe cuando salí de la puerta de salida. Yo confiaba en que mi entrenamiento me ayudaría en los giros y, además, había preparado mi equipo con anterioridad al afilar los bordes, ajustar los seguros y encerar la base de los esquís para que respondieran a mis movimientos al hacer giros de alta velocidad durante el recorrido. Tuve que depender de mi entrenamiento y preparación; después, puse a prueba esas capacidades al participar en la carrera.

UNA PERSPECTIVA HUMANA

Al menos desde un punto de vista humano, mi experiencia en la carrera de descenso ilustra que la fe en el mensaje bíblico sobre Jesucristo no se basa en una fe ciega. Casi 40 hombres de diversos trasfondos escribieron las Escrituras durante un período de más de 1500 años. Aún así, su mensaje es coherente. El texto tiene cientos de profecías cumplidas, y sus referencias históricas y geográficas se han verificado una y otra vez gracias a los descubrimientos arqueológicos, que siguen sucediendo. Si te detienes y piensas por un momento, podrás concluir (igual que nosotros) que realmente se necesita más fe para creer que la Biblia tiene un simple origen humano que para confiar en que Dios la inspiró. El hecho es que hay una gran cantidad de evidencia que verifica que es cierta. Normalmente, quienes rechazan este hecho, tienen poco conocimiento sobre la historia bíblica y lo que dice el texto.

Al seguir con la ilustración del esquí, cuando dejas la puerta de salida en tu carrera espiritual, debes asegurarte de no vivir con una fe ciega, pues el recorrido ya se marcó claramente en la Biblia, registro confiable de la voluntad de Dios para tu vida. Asimismo, cuanto más te disciplines en tener una vida piadosa, más confianza tendrás en que estás en el recorrido correcto.

UNA PERSPECTIVA DIVINA

Hay otra dimensión de la fe cristiana que se basa en lo sobrenatural. El Espíritu Santo capacita a las personas para que crean y confíen en lo que Dios ha dicho. Esto forma parte del misterio divino que vemos a lo largo de la historia de la Biblia: una mezcla maravillosa entre lo humano y lo divino. Incluso así, la historia bíblica ayuda a verificar este equilibrio extraordinario en nuestras vidas.

A continuación, te presentaremos una lección muy importante. No permitas que las personas (incluso las muy instruidas) destruyan tu fe en la confiabilidad del mensaje de las Escrituras. Muchos personas tienen una perspectiva muy limitada sobre el texto y su conformación. Además, si no conocen al Autor de la Palabra personalmente, tendrán dificultades para entender y aceptar su mensaje.

Lo que acabo de expresar es fundamental y útil para vivir por fe a diario. Sin embargo, confiar en Dios es lo que nos capacita a cada momento para experimentar su dirección.

DOS VERSÍCULOS PARA LA VIDA

Con frecuencia, le he escuchado a mi papá decir que dos de sus versículos preferidos de la Biblia están en Proverbios:

> Confía en el Señor con todo tu corazón, no dependas de tu propio entendimiento. Busca su voluntad en todo lo que hagas, y él te mostrará cuál camino tomar (Proverbios 3:5-6).

Estos textos también me tranquilizan, pues lo que Dios dice en estos proverbios es fundamental para ser capaz de vivir por fe. Mientras meditas en estos versículos, responde qué significa:

- "Confiar en el Señor con todo tu corazón".
- "No depender de tu propio entendimiento".
- "Buscar su voluntad en todo lo que hagas".
- ¿Cuál es la promesa de Dios cuando "vives por fe" y pones en práctica estas exhortaciones bíblicas?

UNIDAD 7

Mantente en pureza moral

No permitas que nadie te subestime por ser joven.
Sé un ejemplo para todos los creyentes en lo que dices,
en la forma en que vives, en tu amor, tu fe...
1 TIMOTEO 4:12

Timoteo vivía en un mundo donde la mayoría de personas violaba la voluntad de Dios respecto a la pureza sexual. Afortunadamente, su madre, una judía temerosa de Dios, le había enseñado las Escrituras del Antiguo Testamento desde la niñez. Sin embargo, eso no lo protegía de estar expuesto a la inmoralidad en la ciudad romana de Listra, donde se crió.

En la actualidad, vives en un mundo que cada vez se parece más al de Timoteo. La buena noticia es que por seguir a Cristo, tienes la Palabra de Dios como guía. Mediante una relación personal con el Señor Jesucristo y por el poder del Espíritu Santo que habita en ti, puedes vivir cada vez más en la voluntad de Dios en todos los aspectos de tu vida, incluso en la pureza moral. ¡Sí se puede! Timoteo lo demostró en su vida, aunque fue tentado de joven. Los capítulos siguientes, junto con tres principios para vivir, te ayudarán a convertirte en este tipo de hombre.

19

Descubre el principio moral de Dios

PRINCIPIO PARA VIVIR

Para caminar en la voluntad de Dios, debes comprometerte a vivir según el principio moral bíblico.

Yo (Gene) crecí como un chico de campo que vivía en una granja en Indiana. Mis primos mayores vivían cerca, así que jugábamos juntos con frecuencia.

Sin duda, el mayor de todos era una mala influencia. Recuerdo que cuando yo era muy pequeño (tendría unos tres o cuatro años) lo escuchaba contar historias sucias y veía que tenía conductas inmorales, de las que no se avergonzaba. Si me pongo a pensar, puedo revivir esas impresiones en mi mente. Desdichadamente, mi primo siguió así, hasta que murió alcohólico antes de cumplir los 50 años. Su vida fue una historia trágica.

Mis padres se mudaron a otra granja cuando yo tenía seis años. Por fortuna, ya no tenía la influencia de ese primo. Sin embargo, hubo otros, como un niño de cuarto grado al que le gustaba compartir con sus compañeros historietas pornográficas que había recibido de su hermano mayor. Si me detengo y pienso, puedo recordar todavía esas imágenes que se quedaron grabadas en mi mente influenciable cuando tenía nueve años.

Crecí, entré en la secundaria y me volví a encontrar con compañeros de clase que normalmente hacían bromas sucias y hablaban de sus hazañas sexuales. Sí, me tentaba participar de su estilo de vida, pero le doy gracias a Dios porque me protegió hasta que creí en Jesucristo a los 16 años y me convertí en un cristiano nacido de nuevo. Ese momento me llevó a comenzar un viaje totalmente nuevo, a medida que empecé a renovar mi mente con la Palabra de Dios y a no "conformarme" a este mundo, sino a "transformarme" (Romanos 12:1-2).

Después, estudié en una universidad bíblica y conocí a una chica maravillosa. Pasó el tiempo y nos casamos, y estoy muy agradecido de que los dos fuéramos vírgenes. Como pareja cristiana, desde ese momento pudimos tener una relación sexual libre de culpa y disfrutar de este regalo sagrado, tal como Dios quería.

LOS PRIMEROS AÑOS DE TIMOTEO

En contraste con mi trasfondo de campo, Timoteo creció como un chico de ciudad. Podemos estar seguros de que la mayoría de niños con los que jugaba en Listra hacían lo que habían aprendido de sus familiares, vecinos e incluso de los sacerdotes en el templo de Zeus. Por supuesto, él creció sin leer libros sucios, sin ver pornografía ni ver sexo en la televisión o en las películas, tampoco entró a Internet para ver páginas sensuales. Sin embargo, escuchaba y veía actividades sexuales explícitas que violaban las leyes de Dios de formas inimaginables, pues ¡había distintas muestras de inmoralidad decadente por todas partes!

Afortunadamente, tuvo una madre judía temorosa de Dios que le enseñó valores morales del Antiguo Testamento. Podemos estar seguros de que le enseñó el séptimo mandamiento: "No cometerás adulterio" (Éxodo 20:14). Sin embargo, también podemos suponer que su padre gentil (que no creía) violaba este mandato con frecuencia, ya que tener actividades sexuales con mujeres que no eran sus esposas era una conducta común entre los hombres paganos del imperio romano.

CONVERTIRSE EN UN SEGUIDOR DE CRISTO

Timoteo se convirtió cuando el apóstol Pablo llegó a Listra en su primer viaje misionero. Después de recibir al Señor Jesús como su Salvador personal, su vida empezó a cambiar. De hecho, cuando el apóstol regresó en su segundo viaje varios años después, supo que este joven se había convertido en un discípulo devoto de Jesús. Es probable que Pablo se hubiera sentado con Timoteo en un ambiente personal y privado, y, como su padre espiritual, le hubiera explicado cuál era el plan de Dios para la pureza sexual. Aunque aún no había escrito su primera carta a los tesalonicenses, su conversación habría reflejado las mismas instrucciones básicas que le escribió a ese grupo de creyentes:

> La voluntad de Dios es *que sean santos, entonces aléjense de todo pecado sexual.* Como resultado cada uno controlará su propio cuerpo y vivirá *en santidad* y honor, no en pasiones sensuales como viven los paganos, que no conocen a Dios ni sus caminos (1 Tesalonicenses 4:3-5).

La palabra "santificación" significa "santidad", así que somos *santificados* cuando somos salvos por fe. Dios nos ve *totalmente santos,* debido al *sacrificio perfecto* de Jesús en la cruz, sin importar nuestros pecados del pasado, del presente o del futuro. Sin embargo, cuando experimentamos la "fe salvadora", Él quiere que vivamos de forma santa y piadosa.

UN RETO PARA TODA LA VIDA

Vivir de forma santa es un proceso de toda la vida. Mientras vivamos en esta tierra, debemos estar alerta contra la tentación sexual. Sin importar cuáles fueron nuestras experiencias mientras crecíamos, podemos "*ser transformados* mediante *la renovación de [nuestra] mente.* Así [podremos] comprobar cuál es la voluntad de Dios, buena, agradable y perfecta" (Romanos 12:2, NVI).

Este proceso de ser como Cristo se completará en nosotros algún día, pero no sucederá hasta que estemos con Él en el cielo. Entonces, experimentaremos la realidad que Dios ve en este momento porque es omnisciente, todo lo sabe. Como Juan escribió: "Pero sí sabemos que seremos como él, porque lo veremos tal como él es" (1 Juan 3:2).

Mientras tanto, vivimos aquí y ahora, y vivir en pureza sexual debe ser parte de este proceso. A esto se refería Pablo cuando escribió en su carta a los tesalonicenses: "Dios nos ha llamado a vivir vidas santas, no impuras" (1 Tesalonicenses 4:7).

¿Cuentas con un hombre cristiano maduro con quien puedas hablar sobre el plan de Dios para el sexo y las relaciones?

EXPERIENCIAS DE VIAJE

Cuando Timoteo se volvió misionero y viajó a varias ciudades del imperio romano, escuchó a Pablo enseñar sobre el plan de Dios para la pureza sexual (antes y durante el matrimonio). Por ejemplo, cuando el equipo llegó a Corinto, una de las ciudades más inmorales del imperio, el joven no solo escuchó mensajes relacionados con el tema, sino que seguramente también leyó la carta que el apóstol les escribió a los cristianos romanos desde ahí. De hecho, al final les envió saludos *de parte de* Timoteo, quien probablemente revisó lo que Pablo les había escrito (ver Romanos 16:21). En los primeros párrafos, fue *muy* concreto al describir varios pecados sexuales:

- Inmoralidad heterosexual: "Entonces Dios los abandonó para que hicieran todas las cosas vergonzosas que deseaban en su corazón. Como resultado, usaron sus cuerpos para hacerse cosas viles y degradantes entre sí" (Romanos 1:24).
- Homosexualidad: "Por esa razón, Dios los abandonó a sus pasiones vergonzosas. Aun las mujeres se rebelaron contra la forma natural de tener relaciones sexuales y, en cambio, dieron rienda suelta al sexo unas con otras. Los hombres, por su parte, en lugar de tener relaciones sexuales normales, con la mujer, ardieron en pasiones unos con otros. Los hombres hicieron cosas vergonzosas con otros hombres y, como consecuencia de ese pecado, sufrieron dentro de sí el castigo que merecían" (Romanos 1:26-27).

Lo que Pablo describió en esta carta no era nuevo para Timoteo, pues creció en medio de la cultura del imperio romano y estuvo expuesto a esos pecados en Listra, su ciudad natal. Cuando el apóstol escribió desde Corinto, ese tipo de inmoralidad estaba por todas partes en esta ciudad pagana. De hecho, la degradación sexual existía en *cualquier lugar* al que viajaba el equipo misionero con el fin de proclamar las buenas nuevas de que Jesucristo había venido para morir por todos nuestros pecados (incluyendo los sexuales) y transformar nuestras vidas.

Dado que vives en un mundo en el que el sexo se utiliza para vender productos, estimular apetitos sexuales y entretener con escenas atrevidas, ¿qué puedes hacer para evitar las tentaciones sexuales?

Cuando Pablo envió más adelante a Timoteo a Corinto para recordarles cómo seguir a Cristo Jesús (ver 1 Corintios 4:17), podemos estar seguros de que leía con frecuencia la carta que Pablo escribió a la iglesia, donde les explicaba la voluntad de Dios para sus vidas. Por ejemplo, visualicemos la escena en la que repasa las instrucciones de Pablo en lo que conocemos como el capítulo 6 de 1 Corintios:

> No se engañen a sí mismos. Los que se entregan al pecado sexual o rinden culto a ídolos o cometen adulterio o son prostitutos o practican la homosexualidad o son ladrones o avaros o borrachos o insultan o estafan a la gente: ninguno de ésos heredará el reino de Dios. *Algunos de ustedes antes eran así*; pero fueron *limpiados*; fueron *hechos santos*; fueron *hechos justos* ante Dios al invocar el nombre del Señor Jesucristo y por el Espíritu de nuestro Dios (1 Corintios 6:9b-11).

No es necesario decir que tomó tiempo para que muchos de los creyentes corintios empezarán a tener vidas puras. Pero como muchas de esas personas paganas habían nacido de nuevo a nivel espiritual, fueron capaces de comenzar a manifestar el fruto del Espíritu Santo (con la ayuda de Dios), en vez de mostrar las obras de la carne, como la inmoralidad, la impureza moral y la promiscuidad (ver Gálatas 5:19, 22). Pablo se refirió a este cambio milagroso cuando les escribió su segunda carta a los corintios:

> Por lo tanto, si alguno está en Cristo, es una *nueva creación*. ¡Lo viejo ha pasado, *ha llegado ya lo nuevo*! (2 Corintios 5:17, NVI).

PRINCIPIO PARA VIVIR
UN COMPROMISO BÍBLICO

Para caminar en la voluntad de Dios, debes comprometerte a vivir según el principio moral bíblico.

¿A QUÉ SE REFIERE PABLO CON LA PALABRA "PUREZA"?

Pablo finalizó la lista de cualidades de carácter que Timoteo debía modelar al decirle que debía vivir de forma "pura". ¿Qué significa eso? ¿Cómo se puede tener una vida "pura"?

Tan "puro como nieve"

Cuando pienso en el concepto de "pureza", (Kenton) no puedo evitar recordar la imagen de las montañas en pleno invierno. He practicado heliesquí varias veces y una de mis partes favoritas del viaje es cuando me bajan al campo canadiense en helicóptero y quedo justo frente a una fila de árboles. En una ocasión, tuve que llevar la mochila de emergencia por avalancha, lo cual significaba que debía ser el último, mientras los demás descendían por la montaña y esquiaban sobre nieve sin marcas. Cuando los vi desaparecer por un precipicio en la ladera, me quedé solo, en medio de un pinar gigantesco de cientos de años. Los pinos se levantaban sobre mi cabeza y se dirigían hacia el cielo. Al mirar hacia atrás, había picos de montañas cubiertos de nieve que eran majestuosos y mostraban su fuerza.

Ese día nevaba, pero el viento estaba tranquilo y los copos de nieve eran tan grandes como monedas. Caían a la tierra, descansaban sobre las ramas de los pinos o encontraban un lugar para descansar en el suelo cubierto de nieve. Mientras estaba en medio de esa zona deshabitada, mis oídos zumbaban en medio del silencio, así que me esforzaba por escuchar e imaginaba que oía cómo se deslizaba la nieve por el aire. Todos mis sentidos estaban despiertos ante ese paisaje limpio, sin mancha, inocente y natural.

Estaba en medio de un paisaje inmaculado, puro y sin marcas de algún ser humano. Nadie había tocado la nieve fresca que caía, era un manto blanco que se extendía sin fin hasta donde podía ver. Cubría las imperfecciones del terreno, y ocultaba cualquier mancha y arruga que existiera antes de la nevada, ya que llenaba todos los agujeros y grietas en la ladera de la montaña. La naturaleza se levantaba como un testimonio de la fuerza, belleza, creatividad, gracia y santidad de Dios.

Estaba cautivado por el momento y no quería moverme. Solo quería quedarme y admirar su creación. En ese momento, fui especialmente consciente de la presencia del Señor en mi vida. No estaba solo en la montaña porque Él estaba conmigo, y permitió que pudiera entrar en su presencia y que compartiéramos ese momento. Me sentí honrado al saber que el Creador del universo quería relacionarse conmigo.

Al reflexionar sobre esa experiencia, recuerdo que nuestras vidas no son distintas a la tierra cubierta de nieve. Nuestras vidas no son suaves ni puras, tienen agujeros, grietas y rajaduras que representan el pecado y el dolor, las cuales necesitan sanidad y cobertura. Sin importar cuánto tratemos de mejorar las cosas, no podemos llenar las grietas que nos marcan. Por esta razón, necesitamos algo externo, una Fuente que sea mayor que cualquier cosa que podamos lograr por nuestra cuenta.

Para mí, la nieve fresca que cayó al suelo ese día representaba la gracia de Dios. Él permite que la nieve caiga, llena los agujeros de nuestra alma, y cubre y sana las cicatrices de nuestro pasado. Él hace que nuestras vidas estén completas y lo hace porque nos ama. Él restaura nuestra pureza. Recuerda que cuando aceptamos a Jesús como nuestro Salvador, nos hace nuevas criaturas y nos presenta santos y puros ante Dios.

"Más blanco que la nieve"

Todos podemos identificarnos con la necesidad de recibir perdón en algún área de nuestras vidas. En tu caso, puede incluir alguna forma de inmoralidad, tal vez no en acciones, sino en pensamientos. La buena noticia es que Dios perdona todos los pecados cuando nos arrepentimos sinceramente. Observemos la oración sincera de David cuando le pidió perdón a Dios por su pecado sexual con Betsabé, la mujer de otro hombre:

> Ten misericordia de mí, oh Dios, debido a tu amor inagotable; a causa de tu gran compasión, borra la mancha de mis pecados.

> Lávame de la culpa hasta que quede limpio y purifícame de mis pecados... Purifícame de mis pecados, y quedaré limpio; lávame, y quedaré *más blanco que la nieve* (Salmo 51:1-2, 7).

David había visto la nieve hermosa que caía sobre el monte Hermón, el único lugar en Israel donde sucedía con frecuencia. Al igual que yo, le recordó qué significa ser puro ante los ojos de Dios. De la misma manera, el profeta Isaías quedó impresionado con esta metáfora. Veamos lo que escribió:

> Vengan ahora. Vamos a resolver este asunto —dice el Señor—. Aunque sus pecados sean como la escarlata, yo los haré *tan blancos como la nieve.* Aunque sean rojos como el carmesí, yo los haré tan blancos como la lana" (Isaías 1:18).

LA GRACIA DE DIOS ES SUFICIENTE PARA TI

Sin importar lo que hayamos hecho o lo que vayamos a hacer, descansamos en la convicción de que la gracia de Dios es suficiente para cubrir nuestros pecados y sanar nuestras heridas. Cuando Él nos llama a ser ejemplos en pureza, no espera que seamos perfectos, porque nadie lo es, excepto Jesús. Dios quiere que avancemos hacia Él y vivamos de forma casta, libre de pecado, inocente y pura.

No sé qué piensas respecto al plan del Señor sobre tu sexualidad, qué dejas que se aloje en tu mente, qué te permites mirar o cómo interactúas con otras personas. Si luchas por mantenerte puro en esta área de tu vida, permíteme animarte. Hay esperanza y vamos a ver algunas cosas prácticas que puedes hacer y que te pueden ayudar en los últimos capítulos. Te animo a que hagas lo siguiente:

- Reflexiona sobre la ilustración de la nieve que cae.
- Lee toda la oración de David en el Salmo 51.
- Pídele a Dios que te ayude a vivir de forma pura, aunque muchas personas a tu alrededor violen su voluntad en sus vidas.
- Memoriza 1 Juan 1:9: "Pero si confesamos nuestros pecados a Dios, él es fiel y justo para perdonarnos nuestros pecados y limpiarnos de toda maldad".

20

Vive según el principio moral de Dios

PRINCIPIO PARA VIVIR

Para vivir con pureza moral, debes huir de las tentaciones sexuales que te llevarán a tomar decisiones que violan la voluntad de Dios.

Actualmente, vivimos en un mundo donde los valores sexuales han cambiado de modo dramático. Muchos jóvenes de tu edad ya no creen que el sexo esté reservado solo para un hombre y una mujer casados porque les han enseñado que es una idea anticuada. A veces, se les enseña a los niños que las relaciones entre homosexuales son normales entre quienes tienen esos deseos. Incluso algunos líderes religiosos, que afirman ser cristianos, enseñan que los principios sexuales de la Biblia que vimos en el capítulo 19 son anticuados e irrelevantes en la actualidad.

Para ilustrar este hecho, ¿cuándo fue la última vez que viste una película de Hollywood que fomentaba la abstinencia sexual antes del matrimonio? Hay muy pocas, si es que hay alguna. A menudo, la trama presenta el sexo casual, a veces con varios compañeros. Incluso, historias de romance serio fomentan el sexo prematrimonial. En otras palabras, si "amas a alguien", ¡el sexo es una antesala natural al "sí, acepto"!

EL RETO DE PABLO PARA TIMOTEO

Pablo retó a Timoteo: "trata a las jóvenes como a tus propias hermanas, con toda pureza" (1 Timoteo 5:1-2). Así como nunca tendría una relación incestuosa con su propia hermana, debía relacionarse con todas las jóvenes con "toda pureza".

¿Qué precauciones tomas para mantenerte sexualmente puro?

Como era un joven soltero, debía estar alerta en todo momento. Muchas mujeres tuvieron vidas inmorales antes de ser cristianas, por lo que también podrían sentirse tentadas a seducirlo. Después de todo, ¡*estaba* soltero! Más adelante en esta misma carta, Pablo le advirtió: "No participes en los pecados de los demás. *Mantente puro*" (1 Timoteo 5:22b).

Un ejemplo poderoso

Cuando Pablo y Timoteo anduvieron juntos durante varios viajes misioneros y observaron las prácticas sexuales paganas en todo el imperio romano, quizás reflexionaron sobre la historia de José, que tenía solo 17 o 18 años cuando sus hermanos lo vendieron como esclavo.

Un oficial de alto rango llamado Potifar lo compró en una subasta en Egipto. Debido a la diligencia y fidelidad de José, y a la bendición de Dios sobre su vida, su dueño le puso a cargo de toda su casa. Esta era una posición poderosa para un hombre joven.

Fue entonces cuando se enfrentó a una de sus mayores tentaciones: la esposa de Potifar intentó seducirlo. De hecho, lo hacía cada día, pero no conseguía nada porque él le decía que no iba a abusar de la confianza de su esposo y más importante aún, no iba a violar las leyes morales de Dios.

Un día, la esposa de Potifar lo agarró e intentó forzarlo a cometer adulterio, pero él dio la vuelta y salió corriendo. Como rechazó sus actos seductores, la pasión sexual de ella se convirtió rápidamente en ira, por lo que lo acusó de intento de violación. Aunque José terminó en la cárcel, obedeció a Dios, en vez de cometer ese terrible pecado y aunque pagó un precio difícil, Él lo bendijo por su compromiso con la pureza moral (ver Génesis 39:1-23).

Cuando Pablo le escribió su segunda y última carta a Timoteo, puede que se hubiera referido al ejemplo firme de José cuando escribió:

> Huye de todo lo que estimule *las pasiones juveniles*. En cambio, sigue la vida recta, la fidelidad, el amor y la paz. Disfruta del compañerismo de los que invocan al Señor con un *corazón puro* (2 Timoteo 2:22).

Una lección de David

A medida que Pablo y Timoteo observaban la inmoralidad sexual, incluso entre los judíos que vivían en las ciudades romanas paganas, debieron de reflexionar en el fracaso moral del rey David. Pablo habría recordado a Timoteo que el fracaso moral de David no fue la *tentación*. Fue los pasos que él dio y que condujeron a su acto inmoral:

1. Vio a Betsabé mientras ella se bañaba. Era "una mujer de belleza singular" (2 Samuel 11:2b).
2. "Envió a alguien para que averiguara quién era" (2 Samuel 11:3a).
3. "Envió mensajeros para que la trajeran" (2 Samuel 11:4a).
4. "Se acostó con ella" (2 Samuel 11:4b).

Quizá Pablo se lo explicara de la siguiente manera:

> Verás, David no pecó cuando fue tentado (de hecho, respondió como lo haría cualquier hombre al ver a una mujer tan hermosa). Sin embargo, no se alejó ni huyó de la situación, sino que la tentación lo llevó al pecado cuando siguió mirando a propósito, averiguó quién era la mujer y tomó la decisión de hacerla ir a su palacio para tener relaciones sexuales con ella. Timoteo, eso es lo que Jesús quiso decir cuando enseñó que "el que mira con pasión sexual a una mujer, ya ha cometido adulterio con ella en el corazón" (Mateo 5:28). De nuevo, ser tentado *no* es pecado, pero la tentación puede conducir rápidamente al pecado, incluso en nuestros corazones, cuando *decidimos* violar la voluntad de Dios y dar pasos para hacer que suceda.

Cuando Pablo les escribió a los corintios, tocó el tema de la tentación y escribió algunas palabras, realistas pero alentadoras:

> Las tentaciones que enfrentan en su vida no son distintas de las que otros atraviesan. Y Dios es fiel; no permitirá que la tentación sea mayor de lo que puedan soportar. Cuando sean tentados, él les mostrará una salida, para que puedan resistir (1 Corintios 10:13).

¿Qué pasos debes dar para evitar que la tentación se convierta en pensamientos y acciones pecaminosas?

PRINCIPIO PARA VIVIR

EL PRINCIPIO MORAL DE DIOS

Para vivir con pureza moral, debes huir de las tentaciones sexuales que te llevarán a tomar decisiones que violan la voluntad de Dios.

LAS TÁCTICAS DE SATANÁS

Satanás trabaja muchísimo para tomar el regalo sagrado del sexo y torcer nuestra manera de verlo. Siempre debemos estar alerta, ¡ya que sus tácticas iniciales no son una guerra declarada que se puede reconocer con facilidad! Satanás trabaja al margen de tu vida, adormece tu conciencia y trata de que vayas por un camino pecaminoso en el que comprometas más con cada paso.

Puede que hayas oído la historia de la rana y la olla. Si metes la rana en una olla con agua hirviendo, saltará y saldrá de inmediato. Pero si la metes en agua fría y calientas el agua poco a poco, el calor la vencerá poco a poco, y ¡para entonces será demasiado tarde! De igual forma, Satanás quiere adormecer gradualmente tu conciencia para que ni siquiera te des cuenta de cuánto te has alejado de Dios.

SUGERENCIAS PARA RESISTIR LA TENTACIÓN SEXUAL

A continuación, te presentamos algunas sugerencias para que estés alerta contra las tácticas de Satanás y, así, puedas resistir la tentación sexual:

Pide perdón por los fracasos del pasado

Si has tenido experiencias sexuales que lamentes, confiesa tus pecados a Dios y acepta su perdón. Recuerda que su gracia es suficiente y que sus misericordias "son nuevas cada mañana" (Lamentaciones 3:23). También, ten presente lo que escribió el apóstol Juan:

> Pero si confesamos nuestros pecados a Dios, él es fiel y justo para perdonarnos nuestros pecados y limpiarnos de toda maldad (1 Juan 1:9).

No permitas que tu conciencia te mantenga esclavo del pasado. Al igual que en las montañas donde la nieve cae como un manto inmaculado y sin mancha que cubre todas las imperfecciones del terreno, la gracia y el perdón de Dios cubren todas las imperfecciones de nuestras vidas.

Renueva tu mente a diario con la Palabra de Dios

Dios te ha dado la fuerza y el camino para avanzar hacia una relación con Él mediante la Biblia. Como descubriste en capítulos anteriores, esta es tu brújula y te mantendrá en curso mientras haces tu viaje por la vida. Cuando lees la Palabra de Dios y permites que renueve tu mente,

Dios te capacita para "huir" de la tentación, pues nos ha dado una vía de escape.

Sé auténtico con un grupo jóvenes

Sin importar tu edad, necesitas a otros hombres en tu vida. Las Escrituras tocan el punto central de este asunto: "Confiésense los pecados unos a otros y oren los unos por los otros... La oración ferviente de una persona justa tiene mucho poder" (Santiago 5:16).

Parte de tu aventura en la vida es ser miembro de un equipo que pueda ayudarte, animarte y decirte la verdad; pero vivirá tu vida por ti. Solo Dios puede ayudarte y fortalecerte para que le puedas agradar. Sin embargo, los miembros del equipo estarán contigo en las trincheras y te animarán desde los laterales.

Reúnete con tu equipo con frecuencia (sugiero cada semana) y sé sincero con ellos, incluso cuando no quieras. También, asegúrate de que tu equipo incluya a un cristiano más maduro, pues necesitan a alguien que haya enfrentado las mismas batallas que ustedes y que haya aprendido lecciones de vida con éxito. Así como Timoteo necesitaba a Pablo, tú necesitas a un hombre cristiano más maduro en tu vida.

Establece tus límites y escríbelos

A continuación, te presentamos algunos pasos concretos que puedes dar:

1. Escribe las respuestas de las siguientes preguntas:

    - ¿Qué debo sacar de mi vida?
    - ¿Qué debo aumentar en mi vida?
    - ¿Cómo trato a las mujeres en las citas?
    - ¿De qué forma guardo mis ojos y mi corazón en medio de este mundo conectado y con tantos avances tecnológicos?
    - ¿Mis amigos animan mi moral o la ponen en peligro?

2. Escribe las decisiones que necesitas tomar y las acciones relacionadas con esas decisiones.

3. Escribe las fechas en las que vas a implementar tus acciones. A continuación, te damos un ejemplo relacionado con la computadora de tu casa:

    - Propósito: Proteger tu mente y tus ojos al poner un filtro y una herramienta de rendición de cuentas. Entre las herramientas disponibles se incluyen *Safe Eyes* y *Covenant Eyes*. Son empresas de software importantes de la comunidad cristiana, y han diseñado productos para protegerte a ti y a tu familia de la exposición a material sexualmente explícito en la Internet. Fecha: __________.

- Acción: Investiga sobre este tipo de herramientas e instala uno de los programas. Fecha: __________.
- Otros pasos podrían ser hablar con tus padres y pedirles ayuda; decidir cómo pagar esos servicios y hacer que los miembros de tu equipo sean compañeros de rendición de cuentas al pedirles sus direcciones de correo electrónico, de modo que puedas incluirlos en la herramienta del software y reciban tus informes sobre el uso de la Internet. Fecha: __________.

Esta es solo una sugerencia práctica, pero imperativa. Sin embargo, piensa en otros momentos en los que eres tentado y escribe lo que necesitas hacer para huir. Otras sugerencias adicionales pueden ser:

- Sal solamente cuando programen citas dobles y grupales.
- Determina límites físicos adecuados en tus citas y discútelos con tu pareja.
- Comprométete con firmeza a mantener tus manos a raya en las citas.
- Ve canales de televisión que sean adecuados, no los cambies sin propósito.
- Elimina o bloquea canales que tengan programación subida de tono.
- Apaga el televisor en la noche cuando todos se vayan a dormir, lee o también vete a descansar.
- Piensa en asistir a una clase sobre la "pureza sexual" en tu iglesia local con el fin de entender y vencer cualquier obsesión y adicción sexual.
- Reúnete con un consejero cristiano que te ayude a superar patrones de pecado habituales y adictivos.

UN RETO FINAL

Una sugerencia final es memorizar Filipenses 4:8 y utilizarlo para evaluar lo que piensas. Lee con atención las palabras de Pablo:

> Y ahora, amados hermanos, una cosa más para terminar. Concéntrense en todo lo que es *verdadero*, todo lo *honorable*, todo lo

justo, todo lo *puro*, todo lo *bello* y todo lo *admirable*. Piensen en cosas *excelentes y dignas de alabanza* (Filipenses 4:8).

Al pensar en las cualidades que se mencionan en este versículo, enumera las cosas buenas en que piensas y que se corresponden con estas cualidades:

Verdadero ______________________________
Honorable ______________________________
Justo ______________________________
Puro ______________________________
Bello ______________________________
Admirable______________________________
De excelencia moral ______________________________
Digno de alabanza ______________________________

Después, lee esta lista de cualidades de nuevo y enumera las cosas que piensas que no reflejan estas cualidades del carácter.

Verdadero ______________________________
Honorable ______________________________
Justo ______________________________
Puro ______________________________
Bello ______________________________
Admirable______________________________
De excelencia moral ______________________________
Digno de alabanza ______________________________

Ahora que has terminado este ejercicio, ora de forma específica y pídele a Dios que te ayude a enfocarte en las cosas que te ayudan a renovar tu mente y tu corazón, y a eliminar todo lo que no apoya este propósito.

21

Entiende la relación entre amor y sexo

PRINCIPIO PARA VIVIR

Para tomar decisiones correctas respecto a tu relación con el sexo opuesto, debes entender y practicar el amor tridimensional que primero, y sobre todo, se basa en el amor de Dios por ti.

Conoce a Guillermo: acaba de cumplir 16 años y está saliendo con una chica llamada Julia. Hace un día, ella le envió un mensaje de texto que le sorprendió:

Estoy embarazada, realmente no sé qué hacer y necesito tu ayuda. Dijiste que me amabas cuando comenzamos a tener relaciones sexuales y, en verdad, necesito ese amor ahora. No se lo he dicho a mis padre. ¿Crees que deberíamos casarnos?

Hoy, él respondió el mensaje:

Julia, estoy confundido. Sé que dije que te amaba, pero mis sentimientos han cambiado. En verdad, no creo que deberíamos casarnos. Además, no estoy preparado para ser "padre", por lo que creo que deberías abortar.

Esta es la triste respuesta de Julia:

No puedo creer que ya no me quieras, porque me lo dijiste muchas veces, en especial durante el sexo, e incluso después. ¿Qué pasó con tus sentimientos? ¿Solo me lo decías porque querías más sexo? Estoy destrozada y me siento muy sola. ¿Cómo pudiste hacerme esto?

¿QUÉ ESTÁ MAL EN ESTE CUADRO?

Guillermo y Julia están confundidos. Él no entiende la relación entre actuar con amor y responder con sentimientos sexuales. Cuando le decía que "la amaba", puede que en verdad creía lo que decía. Sin embargo, actuaba más según el deseo sexual, sin comprender que el amor verdadero y bíblico es mucho más que un sentimiento de atracción sexual.

Ella también está confundida, pues se sentía sexualmente atraída hacia Guillermo cuando cedió a sus deseos. Realmente creía que él "la amaba" y que ella "lo amaba", pero no entendió que los chicos pueden estar motivados más por los deseos lujuriosos que por el amor verdadero y que las chicas también pueden malinterpretar sus propios sentimientos.

Lo más importante es que Guillermo y Julia no están comprometidos a vivir según el principio de Dios para la pureza moral, entonces no solo violaron su voluntad, sino que al enfrentarse con el resultado de su pecado, no acudieron a Él para pedirle perdón. Como Guillermo no se hizo responsable de sus acciones, demostró que su motivación estuvo basada más en el egoísmo, en lo que podía obtener de la relación, lo cual no es amor bíblico. En especial, los hombres son susceptibles a tener este tipo de conducta.

UNA PERSPECTIVA FALSA SOBRE EL AMOR Y EL SEXO

Desdichadamente, esta triste historia sucede todo el tiempo, de una u otra manera. Muchos jóvenes están confundidos respecto al amor y al sexo. De hecho, ¿te has preguntado alguna vez por qué tantas estrellas de cine empiezan y terminan tantas relaciones? Y cada vez que comienzan una nueva, con frecuencia dicen: "¡Esta vez estoy realmente enamorado! Esta es la persona para mí, ¡para siempre!".

¿Sabes qué? Con mucha frecuencia, la relación no dura. ¿Por qué? Porque también están confundidos, así como Guillermo y Julia. No entienden el amor verdadero, tal como se define en la Biblia, e incluso más desdichadamente, son ejemplo para millones de jóvenes en cuanto a una falsa perspectiva sobre el amor y el sexo.

EL PLAN DE DIOS: EL SEXO ES PARA EL MATRIMONIO

Cuando Dios creó a Adán y Eva, sin duda se sintieron sexualmente atraídos, pues Él los creó de esa manera. Moisés describió esta relación como llegar a ser "una sola carne" (Génesis 2:24). Jesús y el apóstol Pablo citaron este pasaje del Antiguo Testamento cuando describieron la unión sexual:

> Por esto dejará el hombre a su padre y a su madre, y *se unirá a su mujer*, y los dos serán *una sola carne* (Efesios 5:31, RVR-60; ver también Mateo 19:5).

Ante los ojos de Dios, Eva era la *esposa* de Adán, no su novia ni otra persona importante. Desde entonces, su plan divino fue que la intimidad sexual fuera para el matrimonio: una relación de "un hombre y una mujer" para toda la vida. De hecho, cuando Jesús citó a Moisés, también dijo: "Así que no son ya más dos, sino *una sola carne*; por tanto, lo que Dios juntó, *no lo separe el hombre*" (Mateo 19:6, RVR-60).

Amor semejante al de Cristo

Cuando Pablo les enseñó a los esposos a "amar" a sus "esposas", así como Cristo amó a la Iglesia, describió un acto de amor que era mucho más completo que la intimidad sexual. De hecho, se refirió al amor de Dios que hizo que Jesucristo entregara su vida en la cruz y muriera por nuestros pecados. Ese es nuestro modelo. Como hombres, debemos amar a nuestras esposas como Él nos amó, lo cual describe *acciones*, no solo sentimientos. En realidad, cuando practicamos este tipo de amor, hacemos lo correcto, independientemente de cómo nos sintamos.

En el capítulo 14, vimos detalladamente la definición del amor de Dios que describió Pablo (ver 1 Corintios 13). Incluso cuando no tenemos sentimientos positivos, el amor semejante al de Cristo...

- Es paciente cuando nos sentimos impacientes.
- Es amable cuando queremos ser desagradables.
- Es generoso cuando nos sentimos celosos.
- Es humilde cuando nos sentimos orgullosos.
- Hace lo correcto cuando somos tentados a hacer lo incorrecto.
- Pone a los demás en primer lugar cuando nosotros queremos ser los primeros.
- Evita que el enojo se convierta en pecado.
- Perdona y olvida cuando queremos guardar rencor.

Este es el amor bíblico que refleja el amor de Cristo por nosotros y que deberíamos tener unos por otros. De nuevo, este tipo de amor hace lo correcto, incluso si tenemos sentimientos que nos tientan a hacer lo incorrecto y a estar fuera de la voluntad de Dios.

Afecto semejante al de Cristo

Tomar decisiones correctas cuando preferimos hacer lo contrario no significa que no podemos ni debemos disfrutar de los sentimientos de amor que acompañan a las acciones correctas. Pablo describió este tipo de amor cuando les enseñó a los cristianos en Roma: "Ámense los unos a los otros *con amor fraternal*, respetándose y honrándose mutuamente" (Romanos 12:10a, NVI). El apóstol utilizó una palabra griega diferente para describir estos sentimientos. Verás, Dios nos creó para ser capaces de disfrutar el amor que sentimos unos por otros de una manera *no sexual*. Por ejemplo, es el tipo de amor afectuoso que tengo hacia mis hermanas, hermanos, hijas, hijo, nietos, nietas, y también hacia mis hermanos y hermanas en Jesucristo.

El Señor registró algunos ejemplos bíblicos únicos sobre este tipo de afecto fraternal y de amistad. En el Antiguo Testamento, vemos la relación entre David y Jonatán, quienes se amaban el uno al otro profundamente (sin duda, de manera no sexual). En el Nuevo Testamento, tenemos la relación entre Jesús y Juan. Aunque el Señor era y es el Hijo de Dios, también era "el Hijo del Hombre", y como humano amaba profundamente al apóstol más que a cualquier otro discípulo. Sin mostrar favoritismo, disfrutaba profundamente de su amistad.

Y no olvidemos que este es el tipo de amor que vimos entre Pablo y Timoteo, pues lo amaba como si fuera su propio hijo y él como a su padre. En las relaciones de "amistad", también está claro que nunca debemos permitir que los sentimientos de afecto conduzcan a pensamientos y acciones sexuales. Sin embargo, si alguna vez descubres que surgen, necesitas buscar ayuda y consejo de parte de un adulto cristiano maduro y de confianza.

Sexo piadoso

Ya hemos observado que Dios nos creó con la capacidad de amar a nivel sexual. En el Antiguo Testamento, Salomón describió este tipo de amor de manera muy específica. Antes de violar la voluntad de Dios al casarse con mujeres extranjeras, él amó profundamente a una sola mujer y ella a él (en esa época, tenían lo que parecía ser la relación ideal). Lo que describió en el Cantar de los Cantares es la perspectiva del Señor sobre el amor sexual que diseñó para el matrimonio entre un hombre y una mujer con el fin de que la disfruten al máximo. Sin embargo, el rey permitió que su deseo de poder y de relaciones ilegítimas lo apartaran de la voluntad de Dios, por lo que pagó un horrible precio por su pecado.

AMOR TRIDIMENSIONAL

Podemos ilustrar tres dimensiones del amor a nivel visual. Observa la figura en la página siguiente. El círculo exterior representa al amor semejante al de Cristo que hace lo correcto y lo mejor por alguien porque es la voluntad de Dios. Lo denominamos amor *agapao*, la palabra griega que los escritores del Nuevo Testamento utilizaron para describirlo. El siguiente círculo interrelacionado describe sentimientos positivos y afectuosos hacia los demás que siempre llevan a actuar de manera semejante a la de Cristo, así que nunca violan la voluntad de Dios. Por eso lo denominamos amor *phileo*, la palabra griega que Pablo utilizó para describir el amor a nivel no sexual (ver Romanos 12:10).

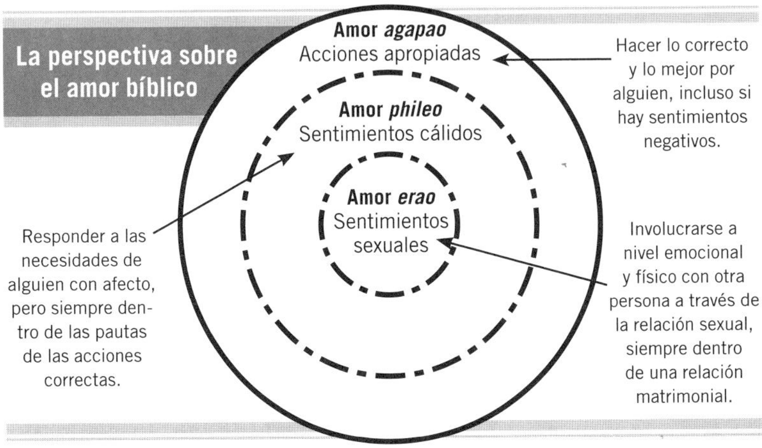

El círculo interior implica el acto de amor más íntimo que Dios diseñó para esposos y esposas, por lo que denominamos esta dimensión sexual amor *erao*. Cuando violamos su voluntad al tener relaciones sexuales fuera de los vínculos del matrimonio, violamos el acto de amor que siempre hace lo correcto.

Guillermo y Julia violaron la voluntad de Dios al tener intimidad sexual. Cuando tuvieron fuertes sentimientos de atracción sexual mutua, se engañaron a sí mismos e hicieron lo incorrecto ante los ojos de Dios. Como no se amaron el uno al otro como Cristo los amó, lo que pudo haberse convertido en una capacidad creada por Él para tener una atracción fuerte a nivel físico y emocional, se volvió egoísta y superficial, y finalmente se convirtió en resentimiento.

Desdichadamente, el amor se define con frecuencia como atracción sexual en el mundo actual, tal como ilustra el círculo interior de la figura. En otras palabras, los sentimientos eróticos se convierten en la base para definirlo. Sin embargo, cuando las realidades de la vida interfieren en estos sentimientos fuertes y los distorsionan, las personas concluyen que ya no se aman y terminan la relación, pues no entienden que los sentimientos sexuales vienen y van, y que el amor semejante al de Cristo es el que sostiene una relación en los momentos difíciles (el círculo exterior de la figura). Por eso, hay tantas parejas que "rompen" y tantas personas casadas que se divorcian. La relación nunca se basó en la definición de Dios del amor. Desdichadamente, cada vez hay más hombres y mujeres engañados por el mismo malentendido respecto al plan de Dios para el amor y el sexo.

> **PRINCIPIO PARA VIVIR**
> **AMOR TRIDIMENSIONAL**
>
> **Para tomar decisiones correctas respecto a tu relación con el sexo opuesto, debes entender y practicar el amor tridimensional que primero, y sobre todo, se basa en el amor de Dios por ti.**

DIOS CONFÍA EN TI PARA QUE LIDERES... ¡COMIENZA HOY!

El mundo pinta una imagen del amor sexual muy distinta a la de la Palabra de Dios, la cual enseña que el amor verdadero espera. Así que no debemos sorprendernos ante este contraste. Como afirma Proverbios 14:12: "Delante de cada persona hay un camino que parece correcto, pero termina en muerte".

Con frecuencia, las relaciones sexuales prematrimoniales y extramaritales crean fuerzas emocionales destructivas dentro de una relación que separan a las personas, en lugar de acercarlas. Dios diseñó la relación sexual dentro del matrimonio para que fuera muy satisfactoria, pero a menudo es muy sensible y frágil. Incluso como cristianos, el esposo y la esposa deben alimentarla y cuidarla.

Satanás odia los matrimonios sanos porque reflejan que tienen relación con Dios y son testigos ante el mundo. No debería sorprendernos que el enemigo de nuestras almas trabaje horas adicionales para lograr dos metas: *hacer que las parejas sean sexualmente activas antes del matrimonio* y, después, *crear tensión y estrés dentro del mismo.*

Como joven, Dios quiere que establezcas límites físicos en tus relaciones con el sexo opuesto. Nunca des lugar a una situación en la que tu pareja deba decir "no", "para", o "¡hasta aquí!". Cuando dejas que eso suceda, renuncias a la fuerza para liderar y a la responsabilidad que Él te dio. Permites que la chica con la que sales o tu novia lidere en la relación durante el cortejo y el noviazgo. Entonces, ¿qué crees que va a suceder cuando se casen? Habrá conflicto. Piénsalo: si en el cortejo renuncias a tu rol de liderazgo, no estarás en posición de hacerlo *después* de casarte, lo cual a menudo lleva a la confusión, el rechazo y el dolor.

Dios sabía lo que hacía cuando nos pidió que "esperáramos" y guardáramos nuestros cuerpos para nuestros cónyuges después del matrimonio. Sus caminos son perfectos, aun cuando no entendamos sus planes. Si los seguimos, podemos pensar que es algo muy difícil y confuso, pero si ejercitamos nuestros músculos espirituales y lo seguimos en fe, nos va a honrar. Recuerda, necesitas entrenarte de tal manera que ganes la carrera y, a veces, sucede en el calor de la batalla. Al huir de la tentación, reflejas el amor y la gracia del Señor.

Ahora, no sabes dónde te va a llevar el camino de la vida, pero Él te pide que sigas las verdades que te dio en la Biblia. Al ejercitar y entrenar tus músculos espirituales, estarás listo para responder como José cuando la esposa de Potifar intentó seducirlo. Ya habrás tomado la decisión correcta antes de enfrentarte a la tentación.

UNA ORACIÓN PARA TI

Querido Dios, gracias por amarnos y sanarnos. Oramos por nuestros hermanos que leen este libro y por nosotros. Ayúdanos a tomar el camino que es "poco normal", y a conocer y discernir entre las mentiras que el mundo enseña y las verdades que declara tu Palabra, las Escrituras. Danos la fuerza para ejercitar la pureza en nuestras relaciones, en nuestro tiempo libre y cuando usamos la tecnología. Dirige nuestros corazones hacia ti, ayúdanos a depender de ti y a aprender qué significa crecer como tus hijos. Protege nuestros corazones y ayúdanos a honrar a las mujeres, que nuestras acciones y palabras las animen y las protejan. Padre celestial, ayúdanos a crecer en nuestra relación contigo y a depender de tu fortaleza para tener una vida recta. En el nombre de Jesús, amén.

¡Dios te bendiga!
Gene y Kenton

Desde 1974, La medida de un hombre ha enseñado a cientos de miles de hombres en todo el mundo a vivir bajo la dirección de Dios con fidelidad, con amor y de forma espiritual. La verdadera masculinidad no se mide por la fuerza de un hombre, sino por estas 20 pautas bíblicas. Con aplicaciones para la vida y palabras de inspiración, presentamos aquí la gran obra de Gene Getz completamente reescrita y actualizada para llegar a la nueva generación de hombres modernos que son padres, esposos y mentores de otros hombres.